KB260897

조선총독부 기관지 『조선』 소재

혼례와 상제례

조선총독부 기관지 『조선』 소재

혼례와 상제례

단국대학교 동양학연구원 엮음

최인학, 김민지 옮김

채륜
CHAE RYUN

인간의 일생(통과의례) 중에 혼인의 기능은 매우 중요하다. 성인이 되는 표시이고, 성인이 누려야 할 특권을 가지며, 자손을 잇게 할 출발점이다. 혼례를 치르지 않으면 성인 취급을 하지 아니했으며 혼례 전에 죽으면 부모에게 불효했다고 해서 제사도 지내주지 않는 관습이 있었다. 그러나 시대에 따라서 약간 변하기도 하고 가치관도 바뀐다.

일제강점기에 한일 양국의 학자들은 한국의 혼인제도와 장례의식에 대해서 비상한 관심을 두고 연구해왔다. 일본인 학자는 일본의 사례와 비교하기 위해 더욱 많은 열을 올렸다.

일제강점기에 일본인 학자에 의해 쓰인 혼인과 상제례에 관한 수십 편의 논문 중 조선총독부 발행의 『조선』 잡지에 게재한 것을 선별하여 번역했다. 일반 독자들이 구하기도 읽기도 어려운 고문들이기 때문이다. 이 중에 이능화의 논문 2편을 채택

한 것은 한국의 혼례에 대해서 조선 시대에 왕실에서 실시한 혼인과 일반 서민들이 행한 혼인의식의 차이를 문헌을 통하여 밝혀 놓았으며, 한편 고조선부터 삼국 시대와 고려 그리고 조선에 이르기까지 혼인제도가 어떻게 변천해 왔는지 역시 문헌 중심으로 밝혀 놓았기 때문에 기본적인 텍스트의 구실을 하리라 생각했기 때문이다.

왕가의 혼인에서 금혼령을 내려 사대부 규수들의 명부를 만들어 바치고 간택을 세 번이나 해서 후보자를 택한 연후에야 금혼령을 해제하는 혼인제도에 대하여 비판이 있었다. 율곡도 '한 사람의 여자를 위하여 국내 소녀들을 모아 세 번이나 간택하는 것은 예의에 위반된다'고 할 정도로 많은 비판이 있었음을 문헌을 통하여 일일이 밝혀 놓았다.

이 논문의 필자인 이능화(李能和), 아키바 다카시(秋葉隆), 젠쇼 에이스케(善生永助), 호시노 데루오키(星野輝興) 이상 4명의 프로필을 소개한다.

이능화(李能和, 1869~1943)
일제강점기의 교육자, 사학자이며 민속학자이다. 그는 외국어에 매진해 프랑스어, 영어, 중국어, 일본어 등 어학에 능통했으며, 1906년에는 한성 법어학교를 설립하여 교장으로서 외국어 전문가 양성에 힘썼다. 그 후 한국의 종교와 민속 연구에 힘써 개척자적인 업적을 남겼다. 그의 저서로는 『조선불교통사』, 『조선도교사』, 『조선여속고』, 『조선해어화사』, 『조선무속고』 등 다수가 있다. 조선총독부 조선사편수회 위원으로 일한 적도 있었다.

아키바 다카시(秋葉隆, 1888~1954)

일본의 문화학자이며 일제강점기의 사회인류학자이다. 1924년 경성제국대학 사회학과에 부임했다. 그 후에 유럽의 문화인류학을 도입하여 1930년대에 경성제국대학을 중심으로 조선 각지의 민속조사를 시행하였다. 아카마츠 지준(赤松 智順)과 공동으로 조사한 『조선무속의 연구』 상권(1937), 하권(1938)은 학계의 주목 대상이 될 뿐 아니라, 상권의 무가 편은 상하 2단으로 되어 상편은 한국어로 하편은 일본어로 번역한 역작이라 할 수 있다. 특히 이 무렵 손진태(孫晋泰), 송석하(宋錫夏)의 도움이 컸다.

젠쇼 에이스케(善生永助, 1885~1972)

조선총독부 촉탁으로 근무했다. 조선총독부 촉탁으로 있으면서 조선농촌의 경제, 조선의 시장, 조선인의 상업, 조선의 계(契), 등 특히 농촌의 경제에 관하여 많은 연구를 했다.

호시노 데루오키(星野輝興, 1882~1957)

일본의 메이지(明治), 쇼와(昭和)시대의 궁정관리였다. 다이쇼천황(大正天皇)의 대사의(大祠儀)와 쇼와천황(昭和天皇)의 즉위식 운영을 맡은 자로 한국에 국장 때를 비롯해서 몇 번 방문한 일이 있다. 국장에 참관하여 겪은 자료를 가지고 쓴 논문이다.

그리고 독자들을 위해서 일제강점기에에 쓰인 한국의 혼인제도와 장례의식에 대한 논문을 열거한다. 참고가 되었으면 한다.

공사가, 「조선관습과 결혼」 카토릭청년 2권4, 1934.

김대성, 「朝鮮に於ける婚姻の年齡上の變化」『柳澤統計報』 49, 1941.

김두헌, 「조선의 조혼 및 그 기원에 대한 일고찰」『진단학보』 2, 1935.

______, 「朝鮮禮俗の硏究」『靑丘學總』 24~26, 1936.

김만형, 「조선팔도혼인인식순례(평안도 편)」『여성』 3-1, 조선일보사, 1938.

김문경, 「出産に關する民俗(京城中心)」『朝鮮民俗』, 1934.

김정희, 「조혼폐지」『사핵공론』 1-1, 1935.

김탁운, 「조선팔도혼인인식순례(강원도 편)」『여성』 3-4, 조선일보사 1938.

박문옥, 「姙娠に關する習俗-朝鮮慶山地方-」『民俗學』 2-3, 日本民俗學會, 1930.

박용례, 「姙産婦の保護と朝鮮古來の風俗觀」『朝鮮社會事業』, 朝鮮總督府, 1941.

송석하,「朝鮮の婚姻習俗」『旅と傳說』6-1, 三元社(東京), 1933.

손진태,「조선솔서혼제도」『개벽』1-2, 1934.

이상백,「朝鮮早婚の由來と近時晚婚の京鄕に就いて」『東洋思想硏究』, 1937.

______,「朝鮮に於ける婦女再嫁禁止習俗の由來について」『東洋思想硏究』, 1937.

이종용,「이왕가의 제사」『朝鮮』269, 朝鮮總督府, 1937. 10.

장승두,「朝鮮古代社會に於ける拜天思想と婚姻制度の淵源に關する考察」『朝鮮』

　　　279~280, 朝鮮總督府, 1938. 8~9.

______,「朝鮮原始諸宗族の婚姻 (1)·(2)」『朝鮮』281~282, 朝鮮總督府, 1939. 10. 11.

______,「李朝社會の婚姻儀式に就いて」『朝鮮』289~292, 朝鮮總督府, 1939. 6~9.

今村鞆,「朝鮮の冠禮婚禮」「朝鮮の儀」「朝鮮の祭式」『朝鮮風俗集』, 斯道館, 1914.

______,「李王家の祭祀」「朝鮮結婚奇談」『歷史民俗 朝鮮漫談』, 南山吟社, 1928.

______,「朝鮮に於ける一夫多妻の存在期に就いて」『稻葉記念論叢』, 1938

　　　[서울: 아세아문화사, 1986(영인)].

秋葉隆,「奠鴈考」『民族』3-5, 東京: 民族發行所, 1926.

______,「雁考―朝鮮婚姻風習の研究」『民族』3-5, 東京: 民族發行所, 1928. 7.

______,「朝鮮の婚姻形態」『京城帝大哲學論集』, 京城帝大, 1930. 5. 화사.

藤田東三,『李朝實錄 朝鮮婚姻考』, 東京大 同印書館, 1941.

藤村曉,「朝鮮の同姓禁婚制」『朝鮮及滿洲』356, 朝鮮雜誌社, 1937.

米內山震作,「朝鮮의 喪禮(論文)」『朝鮮敎育硏究會雜誌』46, 朝鮮敎育硏究會, 1919. 7.

__________,「朝鮮의 喪禮(資料)」, 京城大經濟學硏究室, 1935.

三上次男,「中國の甕棺墓と朝鮮の甕棺墓―甕棺を通して見た古代朝鮮文化の性格」

『古代東北アジア史研究』, 吉川弘文舘, 1966.

善生永助, 「內鮮人의 通婚狀態」 『朝鮮及滿洲』 326, 朝鮮雜誌社, 1935.

細谷定, 「朝鮮の早婚と慣習の效力」 『朝鮮彙報』 5月, 朝鮮總督府, 1915. 5.

小田幹次郎, 「婚姻に關する朝鮮の習俗の二三」 『朝鮮彙報』 6月, 朝鮮總督府, 1920. 6.

小田省吾, 「朝鮮舊時의 祭祀槪要」 『朝鮮及滿洲』 354~358, 朝鮮雜誌社, 1937.

________, 「半島의 墓祭槪要」 『朝鮮』 269, 朝鮮總督府, 1937. 10.

中樞院編, 『朝鮮祭祀相續法論序說-喪及祭に關す百慣習-』, 朝鮮總督府, 1939.

________, 「儒敎以前の祖先崇拜」 『朝鮮』 297, 朝鮮總督府, 1940.

平岡武夫, 「士婚禮に見えたる用鴈の古俗に就いて」, 1935.

끝으로 본 논문들을 번역한 동양학연구원의 연구원 김민지 선생과 교정과 편집을 맡은 이영수 선생, 그리고 이 책의 출판을 맡아준 '채륜' 관계자 여러분께도 진심으로 감사를 드린다.

2013. 6. 23.

최인학

1장
혼례

1장

혼례

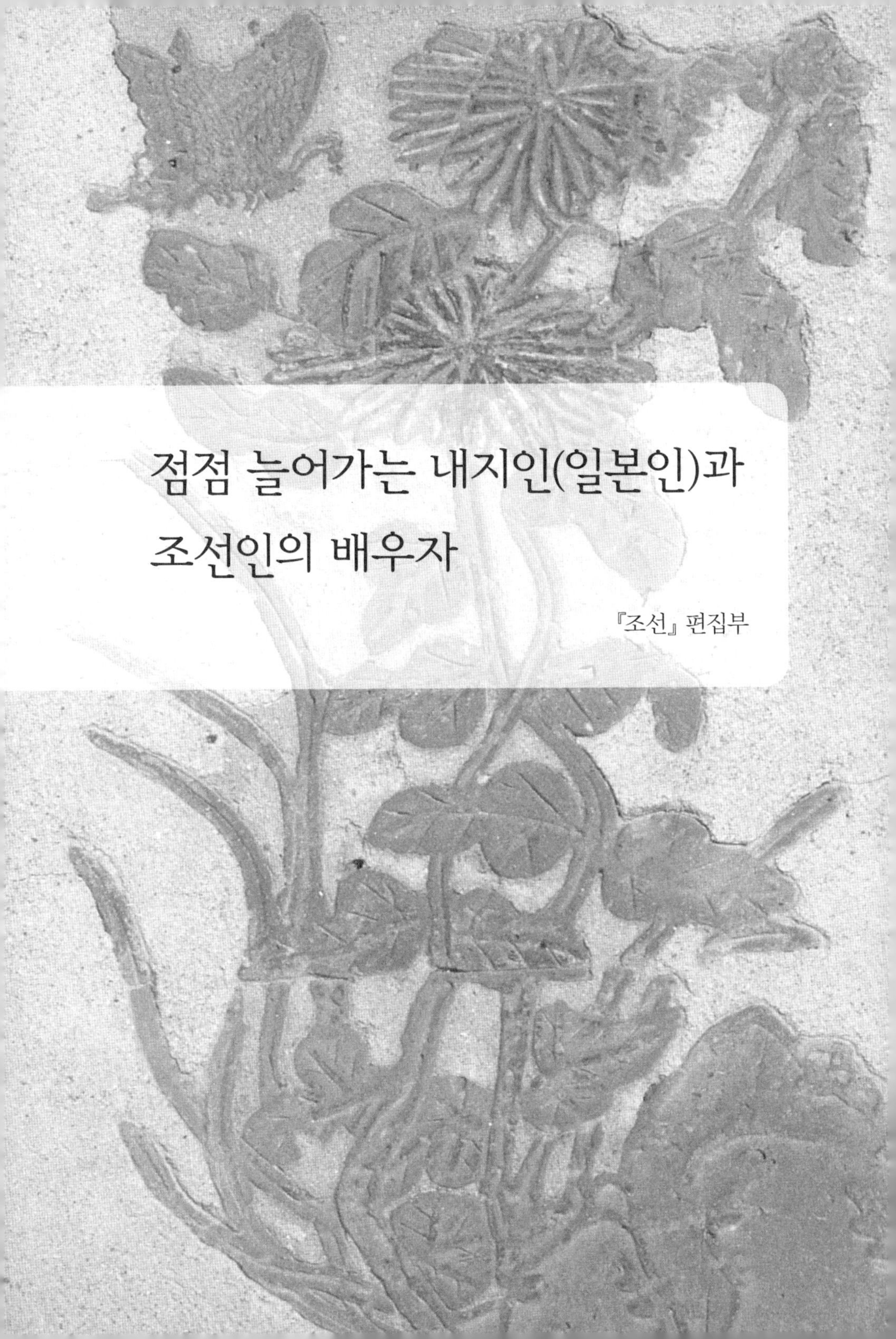

점점 늘어가는 내지인(일본인)과 조선인의 배우자

『조선』편집부

다이쇼(大正) 14년(1925) 12월 말일 현재 시점에서 내지인과 조선인과의 배우자 수를 조사해 보면 총수 404쌍으로 그중 33쌍은 다이쇼(大正) 14년에 결혼한 배우자이다.

이것을 종류별로 보면 아래와 같은데, 그중 조선인이 일본인 부인을 얻은 경우가 가장 많다.

일본인이 조선인 부인을 얻은 경우	187쌍
조선인이 일본인 부인을 얻은 경우	197쌍
조선인이 일본인 집에 데릴사위로 들어간 경우	19쌍
일본인이 조선인 집에 데릴사위로 들어간 경우	1쌍

최근 5년간의 상황을 보면 다음과 같다.

다이쇼(大正) 10년(1921) 말	124쌍
다이쇼(大正) 11년(1922) 말	227쌍
다이쇼(大正) 12년(1923) 말	245쌍
다이쇼(大正) 13년(1924) 말	360쌍
다이쇼(大正) 14년(1925) 말	404쌍

이 숫자는 매년 증가를 나타내 다이쇼(大正) 10년(1921) 말과 14년(1925)을 비교하면 280쌍이 증가한 것을 알 수 있다.

이번에는 도별로 이 숫자를 살펴보면 다음과 같다.

경기도	85쌍
충청북도	11쌍
충청남도	25쌍
전라북도	21쌍
전라남도	33쌍
경상북도	41쌍
경상남도	73쌍
황해도	12쌍
평안남도	25쌍
평안북도	27쌍
강원도	12쌍
함경남도	25쌍
함경북도	14쌍

경기도가 가장 많고 경상남도가 그 뒤를 잇고 있으며 충청북도가 가장 적다. 이것을 각 도별 일본인의 인구 순위와 비교하면 대체로 경기도 이남은 위의 결과와 같은 양상을 나타내지만, 경기도 이북은 이 결과와 상반되는 결과가 나타난다.

평안남도는 인구 순위 제4위에 해당하지만 배우자

수는 제6위에 해당한다. 경기도를 경계로 하여 남북으로 나누어서 살펴보면 남방의 289쌍에 대하여 북방은 115쌍에 불과하다.

아래는 직업별로 구분해 본 통계이다.

농업, 임업, 목축업 등	36쌍
어업 및 제염업	14쌍
공업	53쌍
상업 및 교통업	146쌍
공무 및 자유업	112쌍
그 외의 유업자	32쌍
무직업 및 직업을 신고하지 않은 자	11쌍

상업 및 교통업에 종사하는 사람이 가장 많았고 다음으로 많은 직업이 공무 및 자유업이고, 가장 적었던 것은 어업 및 제염업이었다. 이 비율은 현재 일본인의 직업별 통계와도 매우 비슷하다. 일본인과 조선인의 배우자 수 그리고 이것을 직업으로 구분해 본 상세한 내용은 다음의 표와 같다.

내지인(일본인)과 조선인과의 배우자수

		총수	일본인이 조선인 부인을 얻은 경우	조선인이 일본인 부인을 얻은 경우	조선인이 일본인 집에 데릴사위로 들어간 경우	일본인이 조선인 집에 데릴사위로 들어간 경우
누계비교	다이쇼10년 (1921)	124	56	63	1	4
	다이쇼11년 (1922)	227	80	131	15	1
	다이쇼12년 (1923)	245	102	131	11	1
	다이쇼13년 (1924)	360	125	203	23	9
	다이쇼14년 (1925)	404	187	197	19	1
다이쇼14년말	경기도	△7 78	△6 30	- 47	△1 1	- -
	충청북도	△2 9	△2 7	- 2	- -	- -
	충청남도	△2 23	△1 6	△1 17	- -	- -
	전라북도	- 21	- 11	- 8	- 2	- -
	전라남도	- 33	- 14	- 19	- -	- -
	경상북도	△1 40	- 8	- 29	△1 3	- -
	경상남도	△14 59	△3 16	△8 39	△3 4	- -
	황해도	- 12	- 10	- 2	- -	- -
	평안남도	△4 21	△1 17	△2 3	△1 -	- 1
	평안북도	△3 24	△3 18	- 5	- 1	- -
	강원도	- 12	- 7	- 5	- -	- -
	함경남도	- 25	- 18	- 5	- 2	- -
	함경북도	- 14	- 9	- 5	- -	- -
	합계	△33 371	△16 171	△11 186	△6 13	- 1

비고: 표의 △표시는 올해의 결혼 수를 나타낸다.

내지인(일본인)과 조선인과의 직업별(다이쇼14년(1925)말 현재)

	총수	일본인이 조선인 부인을 얻은 경우	조선인이 일본인 부인을 얻은 경우	조선인이 일본인 집에 데릴사위로 들어간 경우	일본인이 조선인 집에 데릴사위로 들어간 경우
총수	△33 371	△16 171	△11 186	△6 13	- 1
농업, 임업, 목축업 등	△1 35	- 17	△1 18	- -	- -
어업 및 제염업	△2 12	△1 5	△1 4	- 3	- -
공업	△3 50	- 32	△2 14	△1 4	- -
상업 및 교통업	△14 132	△5 43	△6 85	△3 4	- -
공무 및 자유업	△8 104	△6 59	- 43	△2 1	- 1
그 외의 유업자	△4 28	△3 12	△1 15	- 1	- -
무직업 및 직업을 신고하지 않은 자	△1 10	△1 3	- 7	- -	- -

비고: 전(前) 표와 같이 넣을 것.

조선의 결혼 및 이혼의 추세

젠쇼 에이스케(善生永助)

1. 결혼 및 이혼 수

고대 야만의 사회에서는 부녀를 약탈하여 아내로 삼거나 부녀를 매매하여 아내로 삼은 예가 있어, 조선에서도 이처럼 행해졌을 것으로 보인다. 최근에도 조선의 북쪽 어느 지방에서는 아내를 얻을 때 금전이 필요한 관습이 남아있다고 하여, 평안, 황해의 어떤 지역에서는 지금도 약탈결혼의 유풍이 남아있다고 설명하는 이들도 있다.

결혼연령에 대해서는 『경국대전(經國大典)』에 "남자는 15세, 여자는 14세에 결혼을 허락한다. 자녀가 13세가 되면 결혼에 관해 의논하는 것을 허락한다. 만약 양가의 부모 중 한쪽이 오랜 병환에 있거나, 부모의 나이가 50세에 달하여 있으며 자녀가 12세가 넘었다면 관에 신고하고 혼인을 한다."라는 규정이 있고, 개국 503년 6월 의안허혼연령(議案許婚年齡)을 결정하는 건에서도 조혼을 금지하고 남자 20세, 여자 16세 이후로 하여 처음으로 혼취(婚娶)하는 것을 허락하는 규정을 마련하였다. 그러나 실제로는 이 규정은 공문(空文)으로 끝나, 여자는 12~13세가 되면 시집을 가고 남자는 10세 전후하여 장가를 가는 경우가 많아서 대부분의 지방에서는 여자가 남자보다 2~3세 또는 4~5세 나이가 많은 경우가 많았다.

병합 이래 문화의 진보, 사회의 발달과 함께 이 조혼

의 폐풍은 어느 정도 재고되는 듯하지만, 다년의 습관의 힘은 간단하게 움직일 수가 없다.

친족 간의 결혼에 관해서는 고려 시대 이전에는 무제한으로 이루어졌지만 조선 시대에 와서는『속대전(續大典)』에 "향관이 다르다고 하더라도 성자(姓字)가 같다면 혼인할 수 없다."라는 규정이 있어 유교사상의 동성불혼의 법도를 지켜 동족이라는 것이 명백한 사람은 물론, 어느 정도 그것이 명백하지 않은 사람도 동일성호(同一性號)를 가진 사람은 혼인하지 않는 것으로 되어 있었다.

다만 안동의 김씨·권씨는 드물게 성씨가 같지 않으나 역사상 같은 조상이기 때문에 혼인하지 않는 습관이 있다.

혼인은 미혼자, 즉 본인의 아버지, 할아버지 또는 아버지, 할아버지도 없는 경우는 형[전부 없는 경우는 백, 숙부 그 외의 친족]이 혼약하고, 새삼스레 본인의 의향은 묻지 않았기 때문에 강제 결혼의 결과는 종종 폐해를 만들어 내고 있다. 남자는 이따금 재혼하는 사례가 있어,『속대전(續大典)』에 "사대부는 처가 사망한 경우 삼 년 후에 재혼한다. 만약 부모에게 병이 있거나, 혹은 사십을 넘어 자손이 없는 사람은 그해에 재혼하는 것을 허락한다."라는 규정도 있었다. 그러나 조선 사회에서는 남자가 첩을 두는 풍습이 많았기 때문에 다른 곳에 비하면 재혼은 적었던 것 같다. 그러나 여자는 조선 세종 때에 재혼을 금지하고 있었으나, 개국 503년의 의안(議案)에서 "과부의 재혼은 귀천을 막론하고 자유에 맡긴다."라고 규정하고, 이래 여자의 재혼을 허락하기는 하였다. 그러나 지금도 재혼을 천히 여기는 습관이 있어 중류층 이상의 가정에서는 하지 않는다.

조선의 결혼 풍습에 관해서는 말하고 싶은 것이 많으나 여기에서는 통계적 연구로 그치는 것으로 하고, 먼저 병합 후의 결혼, 이혼 및 배우자 수를 내선외인(內鮮外人)별로 관찰하여 합쳐서 인구 1만 인에 대한 결혼과 이혼의 숫자를 비교해 보겠다.

결혼과 이혼 및 배우 수

종별 / 연차	내지인			조선인			외국인		
	결혼	이혼	연말 배우 수	결혼	이혼	연말 배우 수	결혼	이혼	연말 배우 수
메이지44년 (1911)	780	131	42,391	85,612	5,621	?	?	?	?
다이쇼원년 (1912)	805	95	52,121	121,993	9,058	?	?	?	?
다이쇼2년 (1913)	1,246	182	62,160	131,495	9,915	3,805,362	?	?	?
다이쇼3년 (1914)	1,129	151	66,305	115,725	8,976	3,744,803	?	?	?
다이쇼4년 (1915)	1,584	214	69,243	102,137	7,995	3,749,868	10	2	656
다이쇼5년 (1916)	1,876	276	74,163	126,918	9,761	3,810,884	4	3	833
다이쇼6년 (1917)	1,723	245	72,301	136,406	10,542	3,892,671	22	2	976

종별 연차	내지인			조선인			외국인		
	결혼	이혼	연말 배우 수	결혼	이혼	연말 배우 수	결혼	이혼	연말 배우 수
다이쇼7년 (1918)	2,130	248	73,253	143,980	10,498	3,928,090	4	-	1,372
다이쇼8년 (1919)	663	207	72,759	143,098	9,737	4,380,995	8	-	1,014
다이쇼9년 (1920)	643	71	72,397	141,122	7,982	4,377,264	5	2	1,260
다이쇼10년 (1921)	747	69	76,431	155,591	7,222	4,440,238	5	-	1,449
다이쇼11년 (1922)	875	104	78,791	193,918	7,284	4,477,623	-	-	1,709
다이쇼12년 (1923)	928	92	82,864	258,167	8,797	4,450,859	1	-	1,910
다이쇼13년 (1924)	1,123	129	84,469	154,809	7,041	4,422,534	3	3	1,678
다이쇼14년 (1925)	1,186	101	91,053	169,964	7,607	4,654,726	8	-	2,878

인구 1만에 대한 결혼 및 이혼 수

종별 연차	내지인		조선인		외국인	
	결혼	이혼	결혼	이혼	결혼	이혼
메이지44년 (1911)	37.0	6.2	61.9	4.1	?	?
다이쇼원년 (1912)	32.0	3.9	83.7	6.2	?	?
다이쇼2년 (1913)	45.9	6.7	86.7	6.5	?	?
다이쇼3년 (1914)	38.7	5.1	74.1	5.7	?	?

종별 연차	내지인		조선인		외국인	
	결혼	이혼	결혼	이혼	결혼	이혼
다이쇼4년 (1915)	52.2	6.0	64.0	5.0	5.8	1.2
다이쇼5년 (1916)	58.5	8.6	77.8	6.0	2.2	1.7
다이쇼6년 (1917)	51.8	7.4	82.1	6.3	11.5	1.1
다이쇼7년 (1918)	63.2	7.3	86.2	6.2	1.7	-
다이쇼8년 (1919)	19.1	6.0	85.3	5.8	4.0	-
다이쇼9년 (1920)	18.5	2.0	83.4	4.7	2.0	0.8
다이쇼10년 (1921)	20.3	1.9	91.2	4.2	1.9	-
다이쇼11년 (1922)	22.6	2.7	112.7	4.2	-	-
다이쇼12년 (1923)	23.0	2.3	148.0	5.0	0.3	-
다이쇼13년 (1924)	27.3	3.1	87.9	4.0	0.8	0.8
다이쇼14년 (1925)	27.9	2.4	91.7	4.1	2.1	-

위의 통계에 의하면 인구수 대비 결혼 비율은 조선인이 내지인보다 훨씬 많은데, 이것은 토착인과 이주자의 차이에서 온다고 생각된다.

인구수 대비 이혼율은 조선인이 조금 높다. 한편 결혼율과 이혼율을 대비하면 내지인이 조선인보다 이혼의 비율이 훨씬 높다.

조선에서는 옛날부터 법률 및 습관상 이혼은 쉬운 일이 아니었기 때문에 당연히 내지인보다 조선인의 이혼율이 낮을 수밖에 없다. 하지만 이 결과만으로 남녀도덕의 표준이라고 하거나, 가정 분위기가 원만한 결과라고 단정하는 것은 조금 성급한 일이다.

예로부터 조선에서는 당사자의 의사를 존중하지 않은 채 가장의 판단만으로 강제 결혼을 해왔고, 게다가 이혼의 자유 역시 부여하지 않았다. 사법제도의 개정으로 아내에게 이혼 청구권을 인정한 오늘날이라 하더라도, 오랜 세월 쌓아온 습관의 힘은 아내를 불리한 입장에 세우고 있는 경우가 많다. 부부 관계에서 표면적으로는 어쩔 수 없이 동거하고 있지만, 부부 사이에 애정이 없으니 항상 불화와 충돌이 일어난다. 또한, 나이가 많은 아내가 유약한 남편 탓에 성욕의 만족을 얻지 못하니 그중에는 간통을 하거나, 극도로 고민에 빠져 자살하는 지경에 이르기도 한다. 상황이 극악으로 치닫다 보면 남편을 살해하는 참상이 일어나곤 하니, 이와 같은 전율할 만한 일이 가끔 신문에 보도되고 있다.

조선의 결혼 및 이혼 추세는 대략 설명하였으니, 한 발 더 나아가 조선인만을 대상으로 하여 각 도별로 결혼 및 이혼 상황에 관하여 고찰해 보고자 한다.

다이쇼(大正) 14년(1925) 현재 조선인 1만 인에 대한 결혼 수는 91.7, 이혼 수는 4.1이다. 이것을 일본의 같은 연도와 비교하면 일본의 현재인구 1만 인에 대한 결혼 수는 87.3, 이혼 수는 8.7로, 조선이 결혼율은 높고 이혼율은 낮다. 해에 따라 다소의 차이는 있지만, 대체로 지금까지 수년간 그 경향을 유지하고 있다.

현재 조선인 1만 인에 대한 최근 5개년간의 결혼 및 이혼 수를 도별로 살펴보면 아래의 표와 같다.

현재 조선인 1만 인에 대한 결혼 및 이혼 수 5개년 대조

도명	다이쇼10년 (1921)		다이쇼11년 (1922)		다이쇼12년 (1923)		다이쇼13년 (1924)		다이쇼14년 (1925)	
	결혼	이혼	결혼	이혼	결혼	이혼	결혼	이혼	결혼	이혼
경기도	101.8	5.7	128.5	5.6	124.5	5.5	85.2	5.1	92.3	5.0
충청북도	69.2	2.1	125.3	2.6	198.7	5.9	64.6	2.1	83.8	2.1
충청남도	79.2	3.4	127.1	4.0	150.1	4.5	85.4	3.1	91.0	2.8
전라북도	57.5	2.1	87.6	1.7	160.3	2.7	67.9	2.2	62.3	2.4
전라남도	65.9	4.6	90.8	5.0	179.4	8.7	54.3	3.4	61.4	4.0
경상북도	86.3	2.3	112.3	2.7	165.4	3.2	107.4	3.2	98.7	3.3
경상남도	96.9	4.6	113.5	4.9	125.4	4.8	86.4	4.1	82.9	4.1
황해도	88.9	7.4	115.4	6.8	141.3	6.7	92.8	7.0	92.7	6.8

도명	다이쇼10년 (1921)		다이쇼11년 (1922)		다이쇼12년 (1923)		다이쇼13년 (1924)		다이쇼14년 (1925)	
	결혼	이혼	결혼	이혼	결혼	이혼	결혼	이혼	결혼	이혼
평안남도	133.1	10.6	136.6	9.1	141.1	8.7	110.8	8.8	110.2	8.5
평안북도	105.4	3.0	124.4	3.1	166.2	3.6	96.7	3.7	120.1	4.2
강원도	89.8	3.1	116.0	2.8	132.8	3.9	97.3	3.1	101.7	3.3
함경남도	121.6	3.4	113.4	3.5	119.0	3.9	100.7	3.6	114.2	4.0
함경북도	103.7	1.0	89.6	0.9	99.7	0.8	99.8	0.9	96.6	0.5
평균	91.2	4.2	112.7	4.2	148.0	5.0	87.9	4.0	91.7	4.1

　　대체로 볼 때 지리적으로 남쪽 지방보다 서북쪽 지방이 결혼 수가 많다. 또 결혼 수가 많은 해는 이혼 수도 많고, 결혼 수가 많은 지방은 이혼 수도 많다. 그렇지만 이혼의 총수에서 결혼 수에 대한 이혼의 비율을 보면 황해도와 평안남도는 다른 모든 도에 비해 현저히 이혼율이 높다. 이런 원인에 관해서는 앞으로 연구해 봐야 할 여지가 있지만, 이들 지방이 문화, 경제, 인정, 풍채, 범죄 등에 있어서 다른 지역에 비해 떨어지는 부분이 많기 때문이 아닐까? 어떤 이는 이 지역 '인심의 살벌함'을 들고, 어

떤 이는 '매춘부나 약탈혼의 유풍으로 곤란을 겪고 있는 것은 아닐까' 하고 설명한다. 또 어떤 이는 민족적, 지역적인 문제 보다는 다른 조선 민족과는 달리 이 지방 주민 다수의 선조가 랴오둥반도나 중부 중국지방의 이주민인 것에 근거한다고 설명하고 있다. 그러나 이혼율의 다소(多少)는 복잡한 원인에 의하기 때문에 이처럼 단적으로 논하여 판단을 내리는 것은 타당하지 않다고 본다.

다른 방면에서 결혼 수의 많고 적음과 결혼 상황의 관계를 보면, 대체로 경제 상황이 양호한 해에는 결혼 수가 많은 것 같다. 조선의 경제는 농업이 대부분을 차지하고, 인구의 약 8할이 농민인 관계로, 경제 상황의 좋고 나쁨은 농업의 풍흉에 의해 결정된다. 특히 농산물의 대부분은 쌀로 조선인의 경제력을 가장 명백하게 나타내는 것은 시장거래고이기 때문에, 이 두 가지와 결혼 수의 늘고 줌을 비교·대조하면 경기, 불경기와 결혼의 관계를 알 수가 있다.

일 년을 통해 보면 쌀이 수확되는 가을 이후에 결혼이 많은 것은 일본도 조선도 같지만, 일본의 경제는 농업 이외의 산업이 점차로 발달하여 왔기 때문에 조선처럼 경제력을 간단히 측정하는 것은 곤란하다. 다음의 표에서 보듯이 현재 조선인의 결혼 수는 쌀 생산액과 시장거래와 대략 그 추이가 비슷하지만, 이혼 수의 다소는 이처럼 경제 원인에 동반하고는 있지 않다. 즉 이혼의 다소는 다른 원인에 바탕을 두는 경우가 많다는 것을 인정해야 한다.

현재 조선인 결혼, 이혼 수와 미산액(米産額), 시장거래고 비교
(다이쇼5년을 100으로 하는 지수)

종별 / 연차	미산액 (米産額)	시장거래고 (市場取引高)	결혼 수 (結婚數)	이혼 수 (離婚數)
다이쇼5년 (1916)	100	100	100	100
다이쇼6년 (1917)	99	123	106	105
다이쇼7년 (1918)	110	212	111	103
다이쇼8년 (1919)	91	307	110	97
다이쇼9년 (1920)	107	203	107	78
다이쇼10년 (1921)	103	219	117	70
다이쇼11년 (1922)	108	212	145	70
다이쇼12년 (1923)	109	235	190	83
다이쇼13년 (1924)	95	264	113	67
다이쇼14년 (1925)	106	288	118	68

비고: 미산액은 수량, 시장거래고는 금액을 산출하였다. 따라서 시장거래고는 물가의 고저에 따라 좌우되는 부분이 많고, 반드시 미산액의 다소와 일치되는 것을 나타내고 있으나, 실제로는 미산액과 시장거래고는 고저(高低) 그 축을 같이하는 것이 보통이다.

2. 이혼의 원인

　　조선에는 원래부터 아내에 대해 칠거삼불거(七去三不去)의 제도가 있다. 칠거는 첫째 자식이 없는 것, 둘째 부정한 행위를 하는 것, 셋째 시부모를 잘 모시지 않는 것, 넷째 말이 많은 것, 다섯째 남의 물건을 훔치는 것, 여섯째 투기하는 버릇이 있는 것, 일곱째 나쁜 병이 있는 것이다. 삼불거는 첫째 혼인한 이후에 부모의 삼년상을 치른 경우, 둘째 혼인할 때에는 빈천하였으나 혼인한 이후 부자가 된 경우, 셋째 돌아갈 친정이 없는 경우이다. 명률에 있어서 명백하게 이것을 인정하여, 형법대전에는 자식이 없는 경우 및 투기하는 버릇이 있는 경우를 제외한 다른 이혼 원인을 인정하고 동시에 삼불거의 원인도 인정하고 있다. 따라서 조선 민사령 개정 전의 습관으로는 품행이 방정하지 않은 것, 조부모, 부모 등 남편의 직계가족에게 순종하지 않는 것, 도벽이 있는 것 등을 가지고 아내를 내치는 원인으로 하고, 종전에는 남편의 의사에 의해 아내를 내치는 것은 인정하고 있지만, 아내의 의사에 의한 이혼에 대해서는 아내는 남편에게 이혼을 요구할 수 없었다.

　　그러나 점차로 어쩔 수 없는 경우에 아내의 의사에 의한 이혼을 인정하기에 이르렀다. 남편에게 버림을 받은 경우, 또는 남편이 자기의 직계존속에게 매우 심한 굴욕을 준 경우 등의 원인이 있는 경우는 아내로부터 이혼을 요구할 수 있도록 이르러

관청에 신청하고 이혼을 요구하게 되니, 이와 같은 방식은 구래의 관습에는 전혀 존재하지 않았다.

그러나 시세의 변천으로 민사령 개정이 이루어지기 수년 전부터 협의상의 이혼은 물론, 정당한 이유가 없는 경우는 부부 한쪽이 재판소에 이혼 청구를 할 수 있게 되었으나, 몇백 년간의 오래된 관습의 힘은 여전히 강하여 민사령 개정 후의 지금이라고 하여도 이혼은 쉽지 않은 상황에 있다.

이혼의 원인에 관하여 최근의 조사 자료를 가지고 있지 않은 것은 유감이지만, 조선민사령 개정안의 참고자료로서 구관조사위원회의 심사서에 기록한 부분에 의하면, 메이지(明治) 41년(1908)부터 다이쇼(大正) 10년(1921)까지 14년간의 조사에서는 다음의 표와 같이 되어 있다.

이혼원인종별건수(메이지(明治) 41년(1908)~다이쇼(大正) 10년(1921))

원인	건수	원인	건수
중혼	39	정신병	13
처의 간통	37	나병	10
남편의 간음죄	5	교접불능	39
파렴치죄	363	성행불량	39
학대모욕	1,188	도벽	6
악의유기	471	빈곤	14
직계존속으로부터의 학대모욕	41	기질불합	4

원인	건수	원인	건수
직계존속에 대한 학대모욕	103	파렴치죄 이외의 범죄	6
생사불명	253	처의 실녀와 간음	1
남편이 형사피고인으로 구속됨	2	남편의 벽지이주에 동행을 원하지 않음	1
남편이 불구 또는 병	11	간통죄의 징역만기출옥에 남편이 맞이하지 않음	1
혼인신고 제출 안함	2	합계	2,650
의붓자식의 결혼을 남편이 원하지 않음	1		

비고1: 본 표는 기제사건에 대해서만 조사하였다.

위의 통계표에 의하면 이혼 원인 중 가장 많은 것은 '학대모욕'이 45%이고 이것에 버금가는 이유로는 '악의유기'가 18%, '파렴치죄'가 14%, '생사불명'이 10% 등이지만 조혼이 원인인 경우 역시 적지는 않은 것 같다.

3. 결혼연령

조선의 혼인제도에는 결함이 있는데 그중에서도 조혼의 폐해는 두드러진다. 시험 삼아 남녀의 결혼연령이 어떻게 되어 있는지를 관찰하면, 병합 후 얼마 지나지 않은 다이쇼원년

(1912)에 다음과 같이 되어 있다.

조선인 결혼연령별조(다이쇼원년(1912))

처의 연령 \ 남편의 연령	만20세 미만	만20세 이상 만30세 미만	만25세 이상 만30세 미만	만30세 이상 만35세 미만	만30세 이상 만40세 미만	만40세 이상 만50세 미만	만50세 이상 만60세 미만	만60세 이상	계
만15세 미만	14,279	5,427	1,409	278	94	27	5	-	21,564
만15세 이상 만20세 미만	30,701	20,196	7,938	1,986	446	143	23	4	61,437
만20세 이상 만25세 미만	5,917	6,397	4,995	2,389	789	332	28	9	20,856
만25세 이상 만30세 미만	943	2,222	3,041	2,269	929	369	64	2	9,839
만30세 이상 만35세 미만	111	248	802	998	994	555	143	12	2,863
만35세 이상 만40세 미만	18	46	157	277	853	637	184	28	2,200
만40세 이상 만50세 미만	4	9	58	174	354	727	433	116	1,875
만50세 이상 만60세 미만	-	1	1	-	6	53	125	51	237
만60세 이상	1	-	-	-	-	2	37	82	122
합계	51,974	34,591	18,401	8,371	4,465	2,845	1,041	304	121,993

즉 이것에 의하면 결혼 총수 121,993중, 아내의 연령이 15세 미만인 자는 21,564로 총수의 17.2%에 달하고, 아내의 나이 15세 이상 20세 미만인 자는 61,437로 총수의 50.4%에 달하고 있다. 또 남편의 나이가 20세 미만인 자는 51,974로 총수의 42.6%를 나타내고 있다. 이것을 보면 당시에 조혼의 풍습이 성행하고 있었다는 것과 아내의 나이가 남편의 나이 보다 많은 사례가 적지 않은 것을 일목요연하게 알 수 있다. 더욱이 다이쇼14년(1925)의 결혼연령별조를 나타내 보면 다음의 표와 같다.

조선인 결혼연령별조(다이쇼14년(1925))

남편의 연령 / 처의 연령	17세 미만	만17세 이상 만20세 미만	만20세 이상 만25세 미만	만25세 이상 만30세 미만	만30세 이상 만35세 미만	만35세 이상 만40세 미만	만40세 이상 만50세 미만	만50세 이상 만60세 미만	만60세 이상	합계
15세 미만	4,542	3,587	2,039	1,049	312	93	34	6	1	11,664
만15세 이상 만20세 미만	7,451	47,188	27,584	14,257	4,425	1,259	327	44	3	102,538
만20세 이상 만25세 미만	1,222	11,517	15,467	7,071	3,153	1,223	458	55	3	40,169
만25세 이상 만30세 미만	167	1,051	1,886	4,022	1,760	935	508	92	12	10,433
만30세 이상 만35세 미만	22	170	279	497	1,440	644	475	131	20	3,678

처의 연령 \ 남편의 연령	17세 미만	만17세 이상 만20세 미만	만20세 이상 만25세 미만	만25세 이상 만30세 미만	만30세 이상 만35세 미만	만35세 이상 만40세 미만	만40세 이상 만50세 미만	만50세 이상 만60세 미만	만60세 이상	합계
만35세 이상 만40세 미만	6	29	52	104	266	661	338	124	19	1,599
만40세 이상 만50세 미만	3	7	12	20	43	108	379	153	50	775
만50세 이상 만60세 미만	1	-	-	4	2	9	41	103	25	185
만60세 이상	-	-	-	-	1	-	4	4	16	25
계	13,415	63,549	47,319	27,024	11,402	4,932	2,564	712	149	171,066

　　이것을 다이쇼 원년(1912)의 사실과 대비하면 근래 시대의 변천과 동반하여 조혼의 풍습은 다소 변화된 것을 알 수 있다. 즉 다이쇼 14년(1925)에는 결혼 총수 171,066중, 아내의 나이 15세 미만인 자는 11,664로 총수의 6.8%가 되고, 아내의 나이 15세 이상 20세 미만인 자는 102,538에 달하여 총수의 59.9%에 해당한다. 또 남편의 나이가 17세 미만인 자는 13,415로 총수의 7.8%이고, 남편의 나이 17세 이상 20세 미만인 자는 63,549의 많은 부분을 차지하여 총수의 37.1%에 해당하고 있다.

이것을 보면 조혼의 폐해도 변화되어 가고 있고 남편의 나이 보다 아내의 나이가 많은 경우도 조금은 줄어들어 가고 있다. 사회의 진보와 함께 조선인의 결혼 상태는 차츰 개선되어 가고 있는 것을 알 수 있다.

그러나 아직도 조혼과 강제혼의 사례는 많아서 이것에 따른 각종 폐해도 적지 않다는 것을 미루어 짐작할 수 있다.

조선인의 결혼연령을 서술한 김에 참고를 위해 조선 재주 내지인의 결혼연령별조를 나타내면 다음의 표와 같다.

내지인 결혼연령별조(다이쇼14년(1925))

남편의 연령 / 처의 연령	17세 미만	만17세 이상 만20세 미만	만20세 이상 만25세 미만	만25세 이상 만30세 미만	만30세 이상 만35세 미만	만35세 이상 만40세 미만	만40세 이상 만50세 미만	만50세 이상 만60세 미만	만60세 이상	합계
15세 미만	-	1	3	1	-	1	-	-	-	6
만15세 이상 만20세 미만	1	20	132	222	49	4	1	2	-	431
만20세 이상 만25세 미만	-	8	96	192	108	34	5	-	-	443
만25세 이상 만30세 미만	-	1	26	52	57	32	4	2	-	174

처의 연령 \ 남편의 연령	17세 미만	만17세 이상 만20세 미만	만20세 이상 만25세 미만	만25세 이상 만30세 미만	만30세 이상 만35세 미만	만35세 이상 만40세 미만	만40세 이상 만50세 미만	만50세 이상 만60세 미만	만60세 이상	합계
만30세 이상 만35세 미만	-	-	3	11	26	24	23	1	-	88
만35세 이상 만40세 미만	1	-	-	-	1	12	12	1	-	27
만40세 이상 만50세 미만	-	-	-	-	1	-	4	4	2	11
만50세 이상 만60세 미만	-	-	-	-	1	1	-	-	3	5
만60세 이상	-	-	-	-	-	-	-	-	-	-
계	2	30	260	478	243	108	49	10	5	1,185

조선의 결혼 및 이혼에 관해서 덧붙여 말하고 싶은 것은, 근래 내지인과 조선인의 통혼이 점차 많아지고 있다는 것이다. 물론 내지와 조선과는 고래부터 역사적으로도 지리적으로도 매우 밀접한 관계이다. 따라서 내선인이 통혼을 하여 양자의 혈액이 혼교(混交)하고 있는 예는 많지만, 먼 과거의 일은 이것을 명백하게 하는 자료를 가지고 있지 않기 때문에, 시험 삼아 다이쇼 원년(1912) 이후 다이쇼 14년(1925) 말까지의 자료를 보았다. 내지인

으로 조선 부인을 얻은 자는 187쌍, 조선인으로 내지 부인을 얻은
자는 197쌍, 내지인으로 조선인의 집에 데릴사위로 들어간 자, 조
선인으로 내지인의 집에 데릴사위로 들어간 자는 19쌍, 합계 404
쌍에 달하고 있어, 내선의 관계를 밀접하게 해야 함에 있어, 근래
그 수가 더욱 증가하는 경향이 있는 것은 기뻐해야 할 현상이다.

더욱이 결혼과 관계 깊은 남녀의 인구수를 관찰
하면, 다이쇼 14년(1925) 10월 1일 현재의 국세조사 결과에서 내
지의 인구는 남 100에 대해 여 99.03으로, 남녀의 수는 거의 균
등을 지키고 있으나, 이에 반해 조선은 남 100에 대해 여 94.82
에 지나지 않아 남녀의 차이는 상당하다. 즉 총인구에서 남자
10,020,943(一千二萬九百四十三)인에 대해, 여자 9,502,002(九百五十
萬二千二)인으로 남자가 518,941(五十一萬八千九百四十一)인의 초과
를 보이고 있다. 따라서 여자의 수가 남자의 수보다 많은 지방은
겨우 12군(郡) 1도(島)에 지나지 않고, 그 외의 부군(府郡)은 전부
남자의 수가 여자의 수보다 많다.

유래 남자의 수가 여자의 수를 현저하게 초과하는
것은 인심을 살벌하고 황량하게 하여 사회의 건전한 발달을 방해
할 수 있다.

이와 같이 남녀 수의 차이가 매우 심한데도 불구하
고 조선에서는 예전부터 축첩의 풍습이 성행하고 있어, 중류 이
상인 자는 여러 명의 첩을 두어 여자를 독점하고 있는 자가 적지

않았다. 조혼의 폐해와 더불어 한쪽에서는 과부의 재혼을 경멸하는 습관에, 다른 한쪽에서는 유력자들을 위하여 부녀를 점유하려는 등의 행위는 사회 생활상으로 볼 때 도덕적으로도 경제적으로도 차츰 개량되어야만 하는 문제이다.

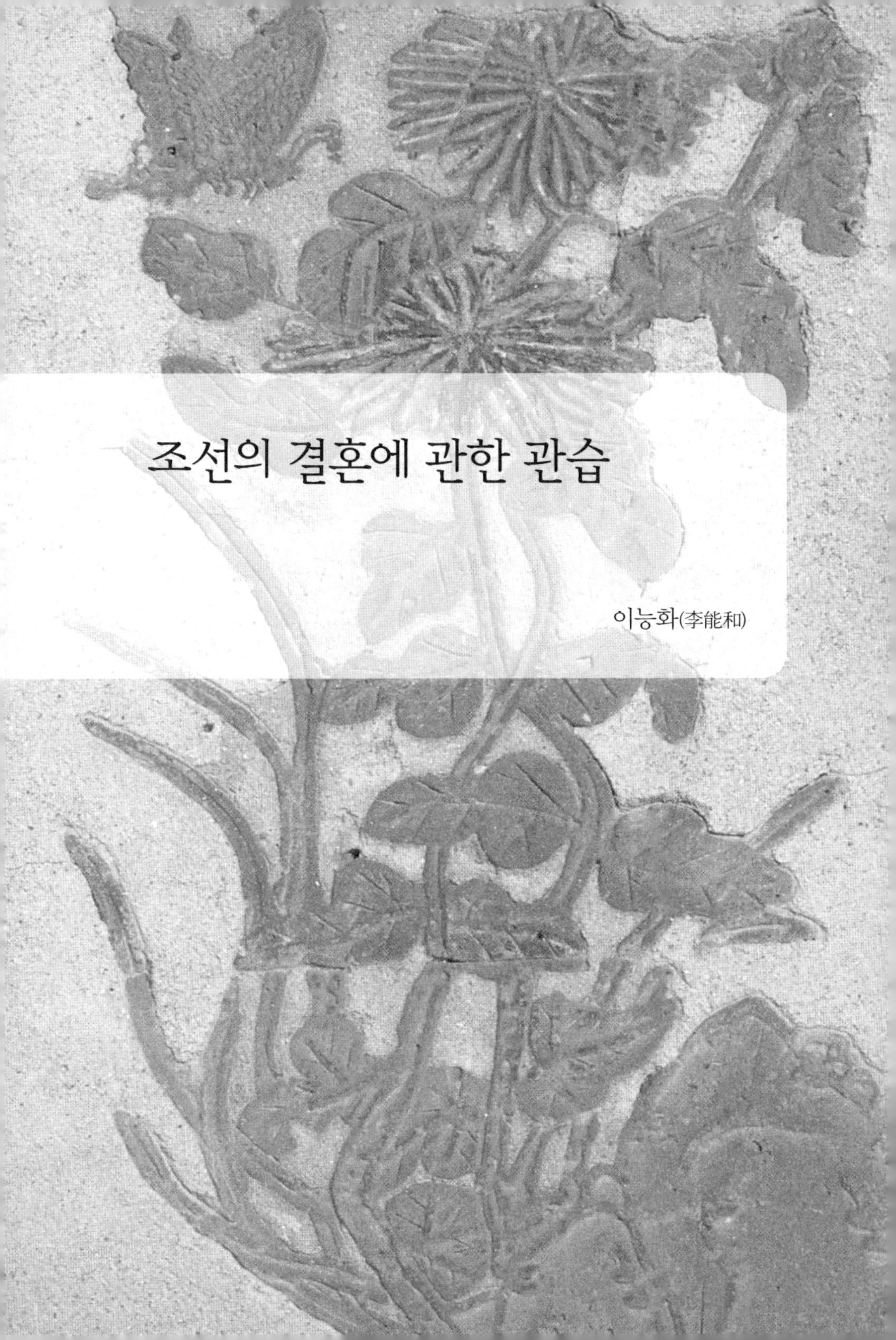

조선의 결혼에 관한 관습

이능화(李能和)

　　조선의 풍속이 기자(箕子)의 팔조(八條)의 교에 의해 크게 면목을 새롭게 한 것은 식자인 나도 알고 있는 부분이다. 성호 이익은 다음과 같이 설명하고 있다.

　　기자(箕子)의 홍범(洪範)은 무엇 하나 부족함이 없다. 이것에 의해 동방의 풍속은 전해져 왔다. 즉 기자가 행한 평양의 정전제(井田制)나 전국의 백성이 백의를 입는 것이 오랫동안 변하지 않았던 것은 전부 은제(殷制)로부터 나온 것으로 혼례(婚禮)의 제정도 은(殷) 시대부터 시작된 것이다. 『역(易)』의 귀매(歸妹)의 육오에 "제을귀매(帝乙歸妹), 태을호체위귀매(泰乙互體爲歸妹), 고태을육오(故泰乙六五), 역일제을귀매(亦日帝乙歸妹)"라고 설명하고 있으니, 정중하게 후대의 사람을 인도하는 것은 이와 같은 것이다.
　　은의 제도는 백(白)을 좋은 것이라 여겼기 때문에 비(賁)의 육사에 "비여파여(賁如皤如), 백마한여(白馬翰如), 비구혼구(匪寇婚媾)"라고 했다. 혼인할 때에 백마를 타는 것은 은나라로부터 시작되었다는 것을 미루어 짐작할 수가 있다.

　　『고려사』에 의하면 충선왕이 원나라의 공주를 맞이함에 백마 81마리와 본국의 유밀제(油蜜製) 전과를 사용했다고 전해지고 있다. 이는 혼례(婚禮)를 할 때의 상례(常例)로 지금도 여염

집에서 혼례(婚禮)를 할 때에는 반드시 백마를 사용하고 있으니, 만일 기자 시대의 유제(遺制)가 아니라면 그 풍속은 어디서 나온 것일까?

이처럼 조선의 혼례(婚禮)에 관한 풍속이 전부 기자의 유제(遺制)인 것처럼 설명하고 있다. 기자에 대해서는 먼 옛날 일이라 유래를 충분히 믿을 수 없지만, 고려 충선왕이 원나라 공주를 왕비로 맞음에 백마 81마리를 예물로 보냈다는 것을 보면, 예전 사람들은 활과 말을 최고로 생각하였기 때문에 귀족 등의 혼례(婚禮)에 백마를 사용한 것은 그렇게 신기한 일이 아닌 것 같다는 생각이 든다.

『삼국유사(三國遺事)』의 박혁거세조(朴赫居世條)에는 다음과 같이 설명하고 있다. "진한육부의 사람이 덕망 있는 사람을 찾으려고 하였다. 그러자 양산 나정(蘿井)의 옆에서 백마가 상서로운 기운을 내비치니 남자아이 박혁거세를 얻었다. 또 숙덕의 여자를 찾으려고 하자, 사양리(沙梁里) 알영정(關英井)에 용이 나타나 여자아이를 얻으니 이를 박혁거세의 부인으로 삼았다."라고 되어 있다.

이런 기록에 근거하여 말해 보자면 조선의 속습에 혼례(婚禮)를 할 때에 신랑은 백마를 타고, 남녀가 교배례를 할 때에 자웅(雌雄)의 닭을 사용하여 다리를 탁상에 묶어놓는 것은 아마도 신라로부터 전해 내려온 풍속일 것이다. 다만 연대가 멀어서 본원을 잊어버린 것이 아닐까?

조선의 고대 혼인제도로서 역사에 나타나고 있는 것은 부여·고구려·백제·신라 및 고려로 전부 친족 간 혹은 동성(同姓)과 결혼하였으니 야만인의 풍속이라고 하는 것을 피할 수 없었다.

그리고 민족계통의 유래나 풍속이 인습에 사로잡혀 쉽게 변하지 않았던 것을 상상할 수 있다. 거슬러 내려와 조선 시대에는 나라를 다스리는 근간으로 유교를 중시하였기 때문에 혼인의 법은 주례(朱禮)에 따라 동성(同姓) 간의 혼인을 엄격하게 제한하고 있다. 지금 여기에 예전부터의 혼인에 관한 사적조문을 들어 참고의 자료로 하고자 한다.

1. 기자조선(箕子朝鮮)

『한서(漢書)』에 "기자는 조선으로 건너가 조선 민족에게 예의를 가르치고 아내를 취함에 팔고 삼이 없고 부인은 정숙하여 음탕하지 않다."라고 하였다. 생각해 보건대 성호 선생의 설에 "조선의 결혼은 은나라의 풍속을 좋게 하였다."라고 하는 것은 위의 기사를 말하는 것이다.

2. 예(濊)

『후한서(後漢書)』에 의하면 "예(濊)는 동성(同姓)인 사람과 혼인하지 않는다."라고 되어 있다.

3. 삼한(三韓)

『후한서(後漢書)』에 "진한은 혼인함에 있어 예(禮)를 바탕으로 한다."라고 되어 있다. 『삼국지(三國志)』에는 "삼한은 예식에 따라 혼인할 뿐만 아니라, 남녀 사이에는 자연스러운 질서가 유지된다."라고 되어 있으며, 『후한서』는 "마한은 남녀의 교제가 아주 문란하였다."라고 전한다.

4. 부여(夫餘)

부여는 남녀가 음외하고 부인이 질투하면 살해하여 시체를 남산 위에 갖다 버렸다. 또 아내를 맞이할 때 소와 말을 주고, 형이 죽으면 형수를 부인으로 삼으니 흉노와 다를 바가 없었다.

5. 동옥저(東沃沮)

『위략(魏略)』에 따르면 "동옥저의 풍속에 여자가 10세가 되면 혼약을 맺고 신랑의 집에 가서 성장하면 주부가 되지만, 일단 본가에 돌아가 본가로부터 요구하는 금품이 전해지면 다시 신랑의 집에 간다."라고 되어 있다.

6. 읍루(挹婁)

『진서(晋書)』에 "읍루인은 혼인함에 남자가 새의 깃털(毛羽)을 여자의 머리에 꽂아주어 젊은 여자가 기뻐하며 가지고 돌아가면 그 후에 정식으로 혼례(婚禮)를 한다."라고 되어 있다.

7. 고구려(高句麗)

『위지(魏志)』에 의하면 고구려는 가무를 즐기던 민족으로 밤이 되면 남녀가 공공연히 모여 노래를 부르고 놀았기 때문에 질서가 아주 문란하였다. 게다가 남녀 간에 혼담이 성립되면 여자의 집에서는 오두막을 세워 그것을 신랑의 집으로 하였다. 저녁 무렵에 신랑이 와서 여자와 동숙하는 것을 애원하면 처음으로 여자의 부모가 그것을 허락하지만, 동시에 신랑은 돈과 물품을 폐물로써 제공하는 것이 예의였다. 자식이 태어나 자라면 부인을 데리고 집에 돌아갔다고 한다.

『북사(北史)』에 따르면 고구려에서는 남녀가 서로 좋으면 바로 혼례(婚禮)를 하지만 남자의 집에서 돼지와 술을 보낼 뿐, 그 외에 재물을 보내는 일은 없었는데, 예외의 물품을 보내는 것을 창피하게 생각하였다고 한다.

『후주서(後周書)』에는 "고려의 풍속은 음외로 그것을 수치라고 생각하지 않는다. 일정한 남편이 없이 노는 것을 즐기는 여자가 많았다."라고 되어 있다[당서(唐書)를 살펴보면, 고려는 모두 고구려를 말한다].

이종휘(李種徽)의 『수산집(修山集)』에 "고구려의 역사를 보면 왕후 중에는 현부인이 많이 있다. 그러나 한 사람도 동성인 사람은 없다. 그 외 정령(政令) 및 교물 예속은 도저히 신라의 조잡함과 비교할 수가 없다."라고 전하고 있다.

그러나 『삼국사기(三國史記)』 고구려 본기(高句麗本紀)의 다음의 두 가지 사항에 의하면 반드시 그렇지만은 않다고 주장하고 싶다.

산상왕(山上王)의 이름은 연우(延優)로 고국천왕(故國川

王)의 동생이나 고국천왕에게는 자식이 없었으므로 연우가 왕위를 이었다.

처음 고국천왕이 죽자 왕후 우(于)씨는 그 죽음을 숨겨 밝히지 않고 밤에 왕제 발기(發岐)의 집을 방문하여 "왕에게는 자식이 없으므로 공이 뒤를 이어라."라고 하였으나 발기는 아직 왕의 서거를 몰랐기 때문에 "하늘의 운명은 귀착하는 곳이 있으므로 지금 간단히 결정할 수 없다. 하물며 부인으로서 밤중에 외간 남자를 방문하는 것은 별로 바람직하지 않다."라고 거절하였다. 왕후는 부끄러워 얼굴을 붉히고 연우의 집으로 향했다. 연우는 의관을 정제하고 친절하게 맞이해 연회를 베풀었다. 왕후는 "대왕이 서거하시어 자식이 없으므로 발기가 당연히 왕위를 이어야 하나 그의 언행은 매우 좋지 아니하니 공에게 양보하는 것이다."라고 하였다. 연우는 그 말을 듣고 더욱 예를 갖추었고, 친히 칼을 꺼내 전육(煎肉)을 자르다 잘못하여 손가락을 다쳤다. 그때 왕후는 의관의 끈을 풀어 다친 손가락을 묶었다. 돌아가는 길에 "심야이기도 하고 도중에 재난의 염려도 있으니 궁전까지 바래다주기를 바란다."라고 말하므로 연우는 그 말에 따라 함께 궁중에 들어갔다. 다음 날 아침 선왕의 죽음을 알리고 신하들로 하여금 연우를 왕으로 삼으니, 왕은 별도로 왕후를 들이지 않고 우씨를 왕후로 삼았다. 동천왕 8년 9월에 태후 우씨는 서거하였지만, 유서에 "나는 품행이 단정하지 못한 몸이니 어떻게 지하의 국양[고국천왕]을 만날 수 있겠느냐, 혹시 그대들이 나의 시체를 들에 버리려고 한다면 산상왕의 무덤 옆에 묻어라."라고 말하였으므로 유서대로 집행하였다. 우씨는 자신의 품행이 바르지 못했던 것을 최후에 후회한 것이다.

그러나 고구려의 왕가에서 형이 죽은 후 형수를 처로 삼은 사실은 인정된다. 그것은 아마도 부여의 풍속을 따른 것이리라 본다.

『온달전(溫達傳)』에 "평강왕(平岡王)의 딸이 28세일 때 왕은 딸을 상부 고씨에게 시집보내려고 하였다."라고 되어 있다. 말하자면 고구려왕의 본성은 고씨로 상부 고씨와는 동성의 관계이다. 당시의 귀족이었기 때문에 왕은 딸을 시집보내려고 한 것이다.

이런 기록에 의해 고구려 왕가에서 동성결혼을 했던 사정이 인정되는 것이다.

8. 백제(百濟)

『북사(北史)』, 『후주서(後周書)』, 『수서(隋書)』 등을 참고로 하면 "백제의 혼인 법례는 대략 중화의 풍속과 같다."라고 되어 있고, 또 백제 형법에 "부녀가 간음하면 남편의 집에 몰수되어 노비가 되었다."라고 되어 있다.

9. 발해(渤海)

『신당서(新唐書)』에는 "발해의 풍속은 고려 및 거란과 그렇게 차이가 없다."라고 되어 있고, 거란의 구속(舊俗)에 "남녀의 혼인은 많은 예에 의하지 않는다. 야합(野合) 및 구락(驅落) 등이 빈번하게 벌어지고 있어서, 금(金)의 대정(大定) 17년에 조서를 발포하여 이것을 금지 한다."라고 되어 있다.(『금사(金史)』)

10. 신라(新羅)

"신라에서는 혼인함에 있어 그냥 주연을 베푸는 정도로, 그 정도는 빈부에 의해 달랐다."라고 되어 있다.(『수서(隋書)』)

또 "신라에서는 벼슬을 함에 있어 왕의 친족을 상위로 하지만 그 족의 이름은 제일골(第一骨)과 제이골(第二骨)을 가지고 구별한다. 형제의 딸 또는 숙부모의 딸을 처로 맞이하는 것이 가능하다."라고 되어 있다. 왕족은 제일골이고 처도 같은 족이다. 자식을 낳으면 제일골이 되기 때문에 제이골의 여자를 아내로 삼지 않는다. 만약 아내로 삼았다고 하더라도 본처가 아니고 첩이 되었다.『구당서(舊唐書)』에는 "신라국의 사람은 김과 박의 성이 많으므로 다른 성의 사람과는 결혼하지 않는다."라고 기술되어 있다.

1) 신라 왕가의 동성(혈족)결혼의 실례

유리이사금(儒理尼師今)은 박씨로 비는 일지갈문왕(日智葛文王)의 딸이다. 또는 비는 박씨로 허루(許婁) 왕의 딸이라고도 전해진다.

일성이사금(逸聖尼師今)은 박씨로 유리왕의 장자이고, 비는 박씨로 지소례왕(支所禮王)의 딸이다.

아달라이사금(阿達羅尼師今)은 박씨로 일성왕(逸聖王)의 장자이고, 비 내례(內禮)부인은 박씨로 지마왕(祗摩王)의 딸이다.

조분이사금(助賁尼師今)은 석씨로 벌휴이사금(伐休尼師今)의 손자로 비 아이혜(阿爾兮)부인은 내해왕의 딸이다.

내해이사금(奈解尼師今)은 석씨이고, 비도 석씨로 조

분왕(助賁王)의 여동생이다.

흘해이사금(訖解尼師今)은 석씨로 내해왕(奈解王)의 손자이고, 아버지는 우로각간(于老角干)이고 어머니 명원(命元)부인은 조분왕(助賁王)의 딸이다.

내물이사금(奈勿尼師今)은 김씨로 비도 김씨이다. 미추왕(味鄒王)의 딸이다.

실성이사금(實聖尼師今)은 김씨이고, 알지(閼智)의 후예로 비는 미추왕의 딸이다.

눌지마립간(訥祗麻立干)은 김씨로 내물왕의 아들이고, 어머니 보반(保反)부인은 미추왕의 딸이고, 비는 실성왕의 딸이다.

자비마립간(慈悲麻立干)은 김씨이고, 비도 김씨로 서불한미사흔(舒弗邯未斯欣)의 딸이다.

지증마립간(智證麻立干)은 김씨로 내물왕의 증손자이고, 어머니 조생(鳥生)부인도 김씨로 눌지왕의 딸이다.

진흥왕(眞興王)은 김씨이고, 갈문왕 입종의 딸인 어머니도 김씨이다.

진평왕(眞平王)은 김씨로 진흥왕태자 동륜의 아들이며, 어머니 만호(萬呼)부인 김씨는 갈문왕(葛文王) 입종의 딸이고, 비 김씨 마야(摩耶)부인은 갈문왕 복승의 딸이다.

태종무열왕(太宗武烈王)은 김씨이며 진지왕의 손자

이고, 어머니 천명부인은 진평왕의 딸이다.

신문왕(神文王)은 김씨로 문무왕(文武王)의 장자로 비 김씨는 소판(蘇判) 흠돌(欽突)의 딸이다.

효소왕(孝昭王)은 김씨로 신문왕의 아들이고, 어머니 신목왕후(神穆王后)는 일길찬(一吉飡) 김흠운(金欽運)의 딸로 김씨이다.

경덕왕(景德王)은 김씨로 효성왕의 동생이고, 비는 이찬(伊飡) 순정(順貞)의 딸이다.

선덕왕(宣德王)은 김씨로 해찬(海飡) 효방(孝芳)의 아들이고, 어머니 김씨 사소(四炤) 부인은 성덕왕의 딸이다. 비 구족(具足)부인은 각간 양품(良品)의 딸이다.

원성왕(元聖王)은 김씨로 내물왕 12대손이고, 비는 김씨로 각간(角干) 김신술(金神述) 딸이다.

소성왕(昭聖王)은 김씨로 원성왕 태자 인겸의 아들이고, 비는 계화(桂花)부인 김씨로 대아찬(大阿飡) 숙명(叔明)의 딸이고 어머니도 김씨이다.

헌덕왕(憲德王)은 김씨로 소성왕과 같은 어머니의 동생이고, 비 귀승(貴勝)부인은 각간 예영의 딸이다.

흥덕왕(興德王)은 헌덕왕과 같은 어머니의 동생이고, 비는 장화(章和)부인 김씨로 소성왕의 딸이다.

희강왕(僖康王)은 김씨로 원성대왕의 손자인 이찬헌

정의 아들이다. 비 문목(文穆)부인은 갈문왕 충공의 딸이다.

헌안왕(憲安王)은 김씨로 신무왕의 이복동생으로 어머니 조명(照明)부인은 선강왕의 딸이다.

경문왕(景文王)은 김씨로 희강왕의 아들 아찬 계명(啓明)의 아들이고, 비 영화(寧花)부인도 김씨이다.(이상은『삼국사기』의 내용)

즉 말하자면 신라왕가에서 혈족혼인을 한 예는 위에서 열거한 대로이며 그 외의 일반 민간에서의 혼인제도도 이것에 의해서 대략 추정해 볼 수가 있다.

2) 신의를 중시하는 신라 민간의 혼인

『동국통감(東國通鑑)』에 따르면 이런 내용이 전해진다.

제후는 백운을 따라 최초의 약속을 이루어낸다. 진평왕 때에 두 고관이 근접한 마을에 이주하였을 때에 양가에서 같은 날, 같은 시각에 남아와 여아의 출산이 있었다. 남아는 백운이라 이름 짓고 여아는 제후라 이름 붙였다. 양가는 상담하여 두 사람의 혼담을 결정해 두었으나, 백운이 불행히도 15세에 눈이 멀자 제후의 부모는 그녀를 무진태수 이교평에게 시집보내려고 하였다. 제후는 비밀리에 백운에게 말하기를 '저는 공과 같은 날 태어났기 때

문에 이미 부부의 약속이 성립되어 있는데 부모가 새로
운 계획을 세우고 있으니 만약 그 명령에 따르지 않는다
면 불효가 되기 때문에 무진에게 시집을 가지만 이후의
일은 나의 자유이다. 공이 만약 신의가 있다면 무진으로
나를 되찾으러 와주면 기쁘게 여기겠다.'고 말하고 헤어
졌다. 제후는 무진에 가서 교평과 상담을 하고 길일을 잡
아 혼례(婚禮)를 치르려고 기다리고 있자니 드디어 백운
이 찾아왔다. 그리고 두 사람은 어떤 산속으로 도망을 갔
다. 도망 중 괴한에게 습격당해 제후에게 위험이 닥쳤지
만 백운의 부하인 김천은 용맹스러운 자로 괴한을 죽이
고 제후를 되찾아 왔다. 왕이 이 사실을 듣고 세 사람의
신의를 가상히 여기시어 벼슬을 내리셨다.

『강수본전(强首本傳)』에는 이런 내용이 있다.

강수는 사량출신으로 어렸을 때부터 독서를 좋아하고
효경(孝經)·곡례(曲禮)·이아(爾雅)·문선(文選)등에 능통
했다. 연구는 점점 더 깊이를 더해서 나랏일도 맡게 되어
더욱 이름을 날리게 되었다. 강수는 같은 부락의 대장장
이의 딸과 정을 통하고 깊은 관계가 되었다. 그가 20세가
되었을 때 부모는 읍중의 선량한 여자를 골라 혼담을 진

행했지만, 강수는 그것을 거절하였다. 그러자 부모는 매우 화를 내며 "네가 명예나 신분을 망각하고 미천한 여자와 결혼하려는 것은 매우 수치스러운 일이다."라고 질책하였으나 강수는 "빈천은 사람의 운명으로 수치가 아니나 도를 배워서 행하지 않음이 더욱 수치스러운 일이다. 선학의 말 중에 조강지처와 빈천의 친구는 잊지 않는다는 말이 있으니 그녀는 천한 여자이지만 그녀와 헤어질 수 없다."고 하였다. 그는 신문대왕 때에 죽었으나 장례비는 전부 나라에서 지급하였다. 그러나 가족들은 하사받은 물건을 하나도 사용하지 않고 전부 절에 기부하였다. 이후 미망인이 매우 빈곤하게 생활하였으므로 고향에 돌아갈 때에 대신이 그 사실을 왕에게 고하여 쌀 백 석을 내리셨으나 받지 않았다.

또한 『삼국사기(三國史記)』는 이렇게 말하고 있다.

설씨는 율리의 어떤 민가의 여자이다. 빈곤한 집에서 성장했으나 용모가 뛰어나고 품행도 방정하여 항상 선망의 대상이었다. 진평왕 때에 설씨의 아버지는 매우 노쇠하였으나 군역 당번으로 정곡 지방에 가야만 했다. 설씨는 자신이 여자이기 때문에 아버지를 대신하여 갈 수도 없어서 걱정만 하고 있었다. 당시 사량부에 설씨를 선망하고 따르던 가실이라는 소년이 있었는데 빈곤한 생활 중에도 기질이 뛰어났다. 근래 설씨가 아버지의 군역에 대해서 대단히 걱정하고 있는 것을 듣고는 마음의 결심을 하고 설씨의 아버지를 대신하여 군역을 갈 것을 청하였다. 설씨의 아버지는 대단히 기뻐하며 "네가 나를 대신하여 군역에 가주는 것에 감사하며, 은혜에 대한 보답으로 나의 딸을 너의 처로 주겠다."라고 말하였기 때문에 가실은 그 호의에 감사하며 설씨에게 혼인의 날을 물었다. 설씨는 "지금은 혼례(婚禮)를 치를 수 없으나 제가 이미 승낙을 한 이상은 결코 마음이 변하는 일은 없습니다. 종군이 끝난 후 길일을 잡아 식을 올려도 문제가 없을 겁니다."라고 말하고 자신의 거울을 깨 혼약의 증표로 건넸다. 가실은 한 마리의 말을 가지고 있었는데 그것을 설씨에게 부탁하며 "이것은 천하의 명마입니다. 후일 반드시 사용할 때가 있을 것입니다. 조심해서 키워주시오."라고 말하고 출발하였다. 그러나 국방상 문제로 교대하지 못하여 6년이나도 돌아오지 못했다. 그러자 아버지는 딸에게 "가실은 처음에 3년 기한으로 갔으나 또 3년이 지나도록 돌아오지 않으니 너는 이 혼약을 폐기해야만 한다."라고 주장하였다. 하지만 설씨는 "그는 부모님의 은인이고 처음 이쪽에서 혼담을 신청하였다. 그리고 가실은 모든 것을 믿고 종군하여 군대 생활의 괴로움을 참고 있다. 또 군의 사정으로 한 사람도 돌아오지 못하고 참고 있는데 동정을 해야 하는 사람이 오히려 신의를 버리는 행동을 절대 할 수 없다.”라고 말하고 아버지의 말을 따르지 않았다. 아버지는 강제로 딸을 다른 사람에게 시집보내려고 하니 설씨는 마구간에 숨어있을 계획이었다. 그런데 뜻밖에 가실이 돌아왔다. 그러나 얼굴이 야위고 의상은 남루하여 마치 다른 사람인 것 같았다. 가실이 반으로 깬 거울을 보이자 그제야 가실인 것을 알았다. 설씨는 눈물을 흘리며 기뻐했다. 그리고 후일 날짜를 정하여 혼례(婚禮)를 올리고 행복한 생활을 하였다.

11. 고려

1) 왕가의 혈족혼인

혜종 2년 을사년에 왕은 장녀를 왕제 소의 처로 삼았다. 처음 대광 왕규의 딸이 태조의 제16번째 비가 되어 아들[광주원군]을 낳으니, 왕은 규의 딸을 부인으로 삼았다. 규는 왕제 요 및 소를 살해하려고 항상 참무(譏誣)하였기에 왕은 그냥 은인자

중하여 규를 우대할 생각이었다. 어느 날 사천공봉 최지몽이 "어젯밤 천기를 보니 유성이 자미를 범하고 있었기 때문에 나라에 역적의 음모를 꾸미는 자가 있는 것 같아 걱정됩니다."라고 고하였다. 왕은 그것을 규가 요와 소를 해치려는 반동행위라는 것을 눈치를 채고 장녀를 소의 처로 삼아 그의 세력을 키워주었다. 공주는 어머니의 성을 따라 황보씨라 칭하였다. 그 후에 같은 성씨를 가진 사람과 결혼하면 어머니의 성을 거짓으로 칭하였다. 정인지 씨는 이것을 평하여 "태조는 고금의 법례를 절충하여 민속을 교화시키는 일에 심력을 다하였다. 그러나 재래의 습관에 사로잡혀 자녀 등이 혈족혼인 하는 것을 공공연히 허락했고, 어머니의 성을 거짓으로 칭했기 때문에 자손은 정당한 가법이라고 간주하여 조금도 괴이하게 생각하지 않는 것은[고려의 공주전(公主傳)을 살펴보면 태조의 자녀 간의 혈족혼인이 많았다고 한다] 매우 안타까운 일이다."라고 말하였다.

광덕원년 광종은 여동생을 왕후로 삼고 성을 황보로 하였다. 바로 태목왕후이다.

경종(景宗)은 숙부의 딸 욱을 맞아들여 비로 삼고 황보씨로 칭하게 했다.

성종(成宗)은 문덕왕후 유씨를 비로 삼았다. 유씨는 광종의 딸로 어머니의 성을 거짓으로 칭하였다. 처음에는 태조의 손자 홍덕원군에게 시집갔으나 나중에 성종의 비가 되었다. 최씨는 이것을 평하여 "성종은 소위 문덕의 군주로서 비를 맞이함에 있어 세 개의 실책이 있었다. 유씨는 종자매이기 때문에 모가의 성을 거짓으로 칭한 것이 그 하나이고, 이미 종실에 시집갔던 여자를 다시 비로 맞이한 것이 두 번째이고, 품행이 바르지 않은 자를 주부로 삼은 것이 세 번째이다."라고 말하였다.

현종(顯宗)은 즉위 후 기유년 오월에 성종의 딸을 왕후로 삼고 김씨로 칭하였으나 이것이 원정 왕후이다. 나중에 또 성종의 딸을 맞이하여 상춘전이라고 칭하였으니 이것이 원화 왕후이다.

덕종(德宗)은 즉위 후 신미년에 왕씨를 비로 삼고 현비에 봉하였다.

3년 갑술 2월에 여동생을 왕후로 삼고, 김씨라고 칭하였다. 원순숙비 김씨[경성왕후]와 또 원혜태후 김씨의 딸[효사왕후]을 비로 삼았으니 이들도 현종의 딸이었다.

유씨는 말하기를 "인간이 금수와 다른 점은 인륜이 있기 때문이며, 인륜의 근본은 남녀의 배합에서 시작되기 때문에 성인은 이것을 중히 여겼다. 결혼은 이성 간에 지켜야 하는 것을 실행시키는 것이다. 고려는 신라의 풍속을 전해 받아 동성결혼을 조금도 나쁜 일이라 생각하지 않는다. 광·덕·문종의 세 왕이 누나, 여동생을 비로 삼은 것은 도에 어긋나고 천리가 멸할 일이고 오랑캐와 크게 다르지 않은 수치스러운 일이다."라고 말하였다.

문종(文宗)은 즉위 후 병술년에 여동생을 왕후로 삼고 김씨라 칭하였으니, 이것이 인평왕후로 원성태후의 딸이다.

선종(宣宗) 3년 병인년에 왕의 여동생 적경궁주를 왕의 동생 부여후 수의 비로 삼았다. 왕의 동생 금관후 증, 변관후 음, 진한후 유 등이 불가하다고 논쟁하였으나 왕은 이것을 듣지 않았다.

최씨는 평하기를 "성인이 예를 제정하여 동성 간의 혼인을 허락하지 않는 것은 윤리를 바르게 하고 질서를 유지하기 위함이다. 신라 초기에는 습속이 아직 야만스러워 사촌 형제자매 사이에 서로 결혼하는 것을 수치로 생각하지 않았지만, 당의 문물을 받아들임에 따라 그런 풍속이 점점 사라지게 되었다. 그런데도 고려왕조의 가풍은 신라 시대보다도 한층 더 심하고, 형제자매간의 결혼이 공공연하게 행해지고 있으며, 임시로 성씨를 바꿔 세상의 이목을 숨기려고 하는 것이 안타까울 뿐이다."라고 말하고 있다.

예종(睿宗) 원년 병술 6월에 선종의 딸을 비로 삼고 성을 이씨로 칭하였다. 그 전에 재상들이 여러 번 왕비를 맞을 것을 청하여도 왕은 상중이라는 것을 이유로 윤허하지 않았으나, 이번에 갑자기 선종정신현비 이씨의 딸 연화궁주를 비로 삼고, 후에 경화왕후라 칭하니 용모가 출중하여 왕은 특별히 총애하였다.

16년 신축 춘정월에 왕씨와 최씨를 비로 삼았으니,

왕씨는 진한후 유의 딸이고 최씨는 참정 용의 딸이다. 왕비를 맞이하기 전에 왕은 초서를 발하여 "제왕이 정사를 해나가기 위해서는 군신의 협력을 얻어 처음으로 국가의 행운을 꾀하는 것이 가능하다. 그러나 가정에서는 내자의 보조가 요구된다. 남녀의 제도는 더욱 대륜(大倫)을 중하게 여기며, 제왕이 일어날 때에도 내조의 힘을 입는다. 가인(家人)의 자리를 바로 하려고 할진대 모름지기 관저(關雎)의 좋은 짝이 있어야 한다. 이제 진한공의 장녀와 대경 최용의 계녀를 내직에 갖추려 하니, 유사(有司)는 마땅히 예전에 따라 명호를 정해 아뢰라."라고 하였다. 유사(有司)는 왕씨를 귀비(貴妃)로, 최씨를 숙비(淑妃)로 정하고 왕에게 아뢰었다.

유씨는 평하기를 "고려의 제도에 의하면 본처를 후(后)라 하고 첩을 비(妃)라 칭하고 있다. 이번의 예종은 한 번에 두 사람의 비를 세우며 관저의 고례에 빗대어 운운하는 것은 가풍이 얼마나 어지러웠는지를 추측할 수 있다."라고 말한다.

인종(仁宗) 21년 계해 4월에 종실의 딸을 맞아들여 왕자의 비로 삼고 김씨라 칭하니 강릉공 온의 딸이다.

명종 10년 여름 6월에 왕은 두 사람의 공주를 궁 안으로 불러들였다. 애첩 명춘이 죽었기 때문에 왕은 매우 슬퍼하여 애도하는 시를 적어 자신을 위로하였다. 왕은 타고난 성품이 잔약(孱弱)한 데다가 여러 번 변고를 겪어서 걸핏하면 놀라고 두려워하여 모든 군국의 기무(機務)가 모두 무신들에게 견제되었다.

부질없이 여색을 탐하고 내전에 5인의 애첩을 두었는데, 그중에서도 순주(純珠)·명춘(明春)을 가장 총애하였다. 그러나 불행하게도 두 애첩이 연달아 죽었기 때문에 궁 안은 갑자기 적막함을 더하였다. 그래서 두 공주를 궁으로 불러들인 것이다. 27년 정사년에 종실의 딸을 맞아들여 비로 삼고 김씨라 하였는데, 이는 강릉공 온의 딸로 후에 선정왕후가 되었다.

희종(熙宗) 7년 신미년 4월에 종실의 원비를 책봉하여 성평왕후로 칭하고 성을 임씨로 하였다.

강종(康宗) 원년 임신년 겨울 10월에 종실 신안후 함의 딸을 맞이하여 왕비로 삼고 성을 유씨라 하였는데, 후에 원덕태후가 되었다.

고종(高宗) 5년 무인 4월에 희종의 딸을 비로 삼고 성을 유씨라 하였다. 21년 갑진 봄 2월에 종실의 딸을 맞아들여 태자의 비로 삼고 유씨라 칭하였다. 전비 김씨는 출산하고 죽었으므로 새로이 신안공 전의 딸을 책봉하니 경창궁주이다.

원종(元宗) 원년 가을 8월에 종실 손 신안공 전의 딸을 책봉하여 왕후로 삼고 성을 유씨라 하였다. 가을 9월에 종실 손 시안공 경의 딸을 책봉하여 태자의 비로 삼고 진화궁주로 칭하고, 맏공주를 제안공 숙에 시집보냈다.

『성호사설(星湖僿說)』에 "고려의 혈족혼인은 혜종이 장녀를 왕제 소의 처로 삼은 것이 효시이다. 혈족혼인은 제1생식

(生殖)이 번영하지 않는다고 하여 사신 등이 크게 불가를 논평하고 있었으니 사실이 이것을 증명하고 있다. 오백 년간의 세대를 전해 내려오고 있으나 후예는 수십 인에 불과한 것이 아닌가. 이것으로 선왕들이 예를 가지고 제한을 가한 것은 아주 깊은 의미가 포함되어 있다는 것을 알 수 있으니, 혈족혼인제도가 불합리하다는 것은 말할 것도 없다. 그리고 자손이 번식하지 않은 것도 이유가 있다. 국제(國制)에 궁녀가 군왕의 승은을 입어 자식을 낳았다 하더라도 모조리 머리를 깎고 중이 되었다. 그것을 소군이라 하여 왕의 적자라고 하더라도 그렇게 부르는 경우가 많았으니, 종족이 절멸에 다다르지 않은 것이 행운이라 하겠다.”라는 내용이 있다.

이종휘(李種徽)의 『수산집(修山集)』에 “신라, 고려는 소위 왕족계급이 왕성하게 혈족혼인을 하고 있었으니, 일반 백성도 미루어 짐작할 수 있다. 고려 덕종은 하루에 두 사람의 여동생을 비로 삼고, 광종, 문종도 여동생을 처로 삼았다. 일국의 원수로서 오히려 이런 일을 두려워하지 않았던 것일까. 세상에 전해져오는 말로는 “왕씨는 원래부터 용의 종족으로 겨드랑이의 밑에 하나의 비늘이 있다. 태조는 그 종을 다른 씨족에 전파하지 않을 생각으로 항상 혈족혼인을 장려하였다.”라고 전해진다.

말하자면 고려 태조는 삼한을 통일하고 문물제도를 전부 신라로부터 전해 받았기 때문에 왕실의 혈족혼인도 따라 한 것으로 생각된다. 그러나 용종 운운하는 설은 별로 신용할 만한

설이 아니다.

2) 왕족 및 문무양반 혈족혼인의 금지

고려 충선왕이 즉위하고 초서를 내 "'혈족혼인은 당연히 금지해야 하는 일이다. 더군다나 나의 나라는 문자를 터득하고, 공부자의 도를 걷고 있기 때문에 자연스럽게 변혁되어 갈 것이다.'라고 간곡하게 말하고 있었음에도 본국이 낡은 인습을 버리지 못하여 아직도 변하지 않는 것은 수치라고 말하지 않을 수 없다. 지금부터 종친 중에 만약 동성혼인하는 자가 있다면 그것은 성지(聖旨)위반자로 볼 수밖에 없다. 앞으로는 세신(世臣)의 집 중에 혈통이 있는 집을 선택하여 서로 혼인해야 한다. 예를 들면 신라 왕손 김혼, 언양 김씨 일종, 정안태후 일종, 경원 이태후, 안산 김태후, 철원 최씨, 해주 최씨, 공암 허씨, 평강 최씨, 청주 이씨, 당성 홍씨, 황려 민씨, 횡천 조씨, 파평 윤씨, 평양 조씨들은 대대로 훈공이 있는 재상의 집이기 때문에 왕족과 혼인해도 무방하다. 그 외 문무양반집은 동성혼인 할 수 없고, 외가의 종형제사촌과는 혼인하여도 무방하다."(『고려사』 충선왕의 세가기)

말하자면 고려는 조·송 및 요·금·원·명 등의 역대 제왕을 섬기고 있었다. 그중에서도 송과 명을 특히 숭배하여 중화(中華) 또는 화하(華夏)라고 말하였고, 그 문물제도를 천국의 것인 것 마냥 떠받들며[조선이 중화를 천조(天朝)라고 칭한 것은 신라와 고려로부터 시작되었다], 스스로 소중화(小中華)에 머물러 있었다[당, 송 시대에 조선의 사신이 말에서 내리는 곳을 소중화관(小中華館)이라고 이름 붙였다].

　　　요·금·원의 시대에 와서는 세력에 억눌려 할 수 없이 신하의 노릇을 했지만, 실은 이적(夷狄)시 하여 달단 혹은 호원이라고 칭하고, 원래부터 우리와 동 종족이라는 것을 몰랐다. 그러나 어차피 송 문화는 고려 말 주자학과 관련 있는 작은 부분 이외에 별로 영향을 끼치지 않았다. 그것과는 반대로 호원으로부터 공자의 논리를 전달받아 고려로 하여금 동성결혼의 금지를 스스로 행하게 한 것은, 말하자면 이(夷)에 배우고 화(華)로 변화한 기현상이라고 말할 수밖에 없다. 그렇지만 고려 공민왕이 왕씨를 익비로 한 것은 보면 왕실의 혈족혼인은 여전히 변혁되지 않은 것을 추측할 수 있다.

3) 민간의 혈족혼(血族婚) 금지

　『동국통감(東國通鑑)』에 의하면 문종 35년에 이부상서 최석(崔奭)은 고하기를 "지난해에 진사(進士) 노준(魯隼)의 아비가 율(律)을 어기고 친근족(親近族)에게 장가들었기 때문에, 그 소생들도 종신토록 금고(禁錮) 하소서."라고 하였으나 왕은 이것을 따르지 않았다. 재상 문정 등이 아뢰기를 "노준의 아비가 올바른 혼사를 하지 못하고 인륜을 더럽힌 것은 아직도 불온당한 일입니다. 그러나 유생을 존중하고 인재를 등용하는 것이 시급하니 청컨대 계급이 낮은 직책을 제수하소서."라고 하니 그대로 따랐다.

또 『고려사』에는 의종 원년에 공신의 혈족혼인을 금지하고, 그 전에 태어난 자식들은 금고율을 내리지 않았다는 이야기가 전해진다.

『문헌비고(文獻備考)』에 의하면 "어머니가 다른 여자 형제 및 가까운 친족과 결혼하여 낳은 자식은 모조리 금고율에 처한다."라고 되어 있다. 말하자면 진사 노준의 문제에 대하여 조정에서 상소하고 있던 것을 보면 혈족혼인이 예의에 어긋나는 것을 알고 있었던 것 같다. 그러나 제일 높은 왕족들이 그것을 행하고 있었으니 일반 서민은 어떠했을까? 조선 시대에 이르러서 한 번에 그것을 타파하고, 동성결혼은 물론이고 성이 다른 친척과도 결혼을 제한하고 있는 것은 미속(美俗)이라고 말할 수 있다.

4) 고려왕족과 몽골왕족과의 혼인

충렬(忠烈)왕비 제국대장공주의 이름은 홀도로게리미실(忽都魯揭里迷失)로 원세조황제의 딸이다. 원종 15년 충렬이 세자의 신분으로 원에 머물러 있을 때에 비로 맞았다.

충선(忠宣)왕비 계국대장공주의 이름은 보탑실련(寶塔實憐)으로 원나라의 진왕(晉王) 감마라(甘麻剌)의 딸이다. 충렬왕 22년 충선이 세자였던 시절 원에 머물러 있을 때 비로 삼았다.

충숙(忠肅)왕비 복국장공주의 이름은 역련진팔라(亦憐眞八剌)로 원영왕(元營王) 야선첩목아(也先帖木兒)의 딸이다. 충숙왕 3년 여행 중에 비로 맞았다.

충혜(忠惠)왕비 덕령공주의 이름은 역련진반(亦憐眞班)으로 원나라 진서무정왕(鎭西武靖王) 초팔(焦八)의 딸이다. 충숙왕 17년 충혜왕이 원에 체재 중일 때 비로 맞았다.

공민(恭愍)왕비 노국대장공주의 이름은 보탑실리(寶塔失里)로 원나라의 종실 위왕(魏王)의 딸이다. 충정왕 원년 공민왕(강릉대군)이 원나라에 체재하고 있을 때 맞아들였다.

5) 몽골의 제후가 된 고려의 공녀

충숙왕 15년 무진(戊辰)에 원나라는 공녀 김(金)씨를 후로 삼았으니 화평군 심의 딸이다.

충숙왕 원년 경진(庚辰)에 원 순제(順帝)는 고려공녀(궁녀) 기(奇)씨를 제2황후로 삼으니 행주기자 오의 딸이다.

6) 몽골인에게 시집간 고려인의 딸들

고려 원종 15년 갑술년에 원은 사신을 보내 부녀자를 요구하였다. 송의 양양부군이 여자를 요구하였기 때문에, 원은 매빙사상도(媒聘使尙都)를 파견하여 "처녀 140명을 반드시 제공하라."라고 전하고 독촉이 심하였다. 그래서 결혼도감을 설치하고 항간의 처녀를 탐색하여 역적의 처, 중의 딸 등을 찾아내어 겨우 수를 채워 만자[원나라 사람은 송나라 사람을 가리켜 만인(蠻人)이라고 불렀다]에게 나누어 주고 북방으로 돌아가게 하였다. 이런 일이 일어나기 전에 달로화적(達魯花赤) 등이 재신의 집에 혼담을 신청하여 억지로 결혼을 하여도 왕은 이것을 거절할 수가 없었다.

충렬왕 원년에 대부경 박유가 상소하기를 "이국인이 와서 처를 얻는 데 있어 거의 제약이 없습니다. 이것을 방치한다면 인물이 모두 북방에 흘러들어 가지는 않을까 두렵습니다."라고 말하고 있다. 2년에 원은 사신을 파견하여 원으로 돌아가는 군인 5백 명의 처로 삼을 여자를 요구하였기 때문에, 왕은 추고별감을 각도에 파견하여 과부, 처녀 등을 모으게 하였다. 또 24년 및 26년에는 민간의 처녀를 선발[벼슬아치들로 하여금 딸이 있는 집을 밀고(密告)하게 하였다]하여 원에 진헌하기로 했다.

충선왕 원년에 원에 사신을 파견하여 수많은 처녀를 보냈다.

충숙왕 4년에 왕은 원 영왕의 위탁에 따라 처녀를 선택하게 하였다. 그 외 모든 왕이나 재상과 사신들이 각각 처녀를 요구하였다. 또 국가가 원제에게 사헌(私獻)하는 예도 있었기 때문에, 사대부 등이 딸을 낳으면 극비에 부치거나 친척들에게조차 알리지 않았다.

7년 및 11년에 원에서 사신을 파견하여 처녀를 제공

하라고 요구하였다. 충혜왕 원년, 4년, 6년에 다수 사신을 파견하여 처녀를 요구하였다.

12. 조선왕조

1) 왕가 및 종친의 혈족혼인 회피

『전율통보(典律通補)』서가조(婿嫁條)에 따르면 남자는 15세, 여자는 14세가 되면 혼인하는 것을 허락하고, 종실에서는 자녀의 나이 및 가주의 성명, 직업 등을 자세하게 적어 종부사에 보고하면 종부사는 그것을 접수하여 상계하였다.

『육전조례(六典條例)』의 예전(禮典)에 대혼을 할 때에는 처자 등이 혼인하는 것을 금한다. 그러나 예외로 허가를 받은 자는 인명부[국성 및 관이 같은 이씨와 대왕대비와 같은 성의 종형제자매, 왕대비와 같은 성의 재종형제자매에 한하여]를 첨부하여 고한다. 공주, 옹주 등이 시집을 갈 경우는 혼인의 금지를 명받은 자 외에는 혼인할 조건을 갖추어 품주(稟奏)해야 한다[국성 및 관이 같지 않은 이(李)성과 이성친(異姓親)이라면 재종형제자매간에 결혼할 수 있다].

2) 국민의 혈족혼인 금지

『대명률(大明律)』의 혼인조(婚姻條)에 혈족혼인 하는

자는 장형(杖刑) 60대에 처하고 이혼해야 한다는 내용이 있다[조선에서는 대명률(大明律)을 차용하고 있다].

이민족과 혼인하는 방책(부록)

실록에 세종 9년 정미(丁未) 4월 임술(壬戌)에 예조에서 상소하여 "이민족은 복장이 다르므로 국민 일반으로부터 이민족시 되어 서로 혼인을 하지 않는다. 청하여 그 복장을 바꿔 다른 사람들과 같게 하면 그들과 혼인을 하게 될 것이다."라고 되어 있다.

세조시대에 양성지는 편의사(便宜事) 22개 조를 상주하였으니, 그 군국편의조(軍國便宜條)에 "야인(여진)이 종종 국경에 침투하여 약탈을 일삼아 그들을 정복하려고 하면 전부 깊은 산중 또는 먼 곳으로 도망을 가기 때문에, 방비 또는 평정하기 위해 거의 모든 수를 다 쓰고 있다. 한, 당 이래 이들 족류와 많은 혼인을 맺은 것으로 그들의 심정을 진정시켜 왔는데, 귀화한 야인에 대하여 아직도 심하게 냉대하는 것은 이웃 민족을 사랑하라는 본의에 어긋난다. 본조의 예락문물의 예를 들면 중국과 대등하게 열려 있다고는 하나, 아직 동해의 벽재(僻在)의 나라로 어떻게 북방의 사람을 학대할 수가 있을 것인가. 앞으로 야인으로부터 귀화하는 자가 있다면 그 족벌에 따라 삼등으로 나누어 1, 2등은 사대부의 집과, 3등은 평민의 집과 혼인을 하게 한다. 그 외 3차량의 야인은 그 부근의 토지와 각각의 등급에 따라 혼인을 시키고 싶다."라고 하였다.

3) 존비(尊卑)친족(親族) 간의 혼인 금지

『대명률(大明律)』에 "인척 중 복제가 있는 존친족(尊親族) 또는 비유(卑幼) 등과 혼인하는 자, 또는 동모이부(同母異父)의 자매를 취하는 자는 간음죄를 가지고 논해야 한다."라고 되어 있고, "부모의 고구(姑舅), 외삼촌(姑舅), 이모의 자식의 형제자매, 외생녀(外甥女), 사위와 자손의 처의 자매 등과는 혼인 할 수 없다. 만약 위반하는 자가 있다면 각각 장형 1백의 벌에 처한다."라고 되어 있다.

4) 친류의 처첩과의 혼인 금지

『대명률(大明律)』에 "동종(同宗)이고 복제(服制)가 없는 친류(親類)라고 하더라도 그 아내와 딸을 취하는 자는 각각 장형 100대에 처한다. 만약 시마[(緦麻) 상복의 하나]친족의 처와 삼촌, 조카의 처를 취하는 자는 장형 60대, 1년의 유죄에 처해야 한다."

"소공[(小功) 상복의 하나] 이상의 친류(親類)라도 간음죄를 가지고 논해야 하며, 이미 이혼한 사람, 또 재혼하고 있는 사람을 처첩으로 취하는 사람은 각각 80대의 장형에 처한다."라고 되어 있다.

"부조(父祖)의 첩, 또는 백숙모를 처첩으로 하는 사람은 각각 참형에 처해야 하며, 죽은 형의 형수, 또는 죽은 동생의 처를 아내로 삼는 자는 각각 교죄(絞罪)에 처해야 한다. 다만 첩은 벌을 각각 2단계 감해준다."라고 되어 있다.

"동종(同宗)의 시마(緦麻)친족 이상인 자, 또는 조부모의 딸의 형제자매와 결혼하는 자는 각각 간음죄를 가지고 논하고 이혼시켜야 한다."라고 되어 있다.

짐작하건대 조선왕조는 명과 함께 발흥(勃興)한 까닭으로, 명의 법규를 차용하고 혈족혼인은 엄격한 제한을 가했기 때문에 공교(孔敎)의 논리는 점점 더 천명(闡明)돼 갔다. 그뿐만 아니라 일 보 더 나아가면 동관이성, 또는 이관동성이라 하더라도 서로 혼인하지 않게 되어 있었다. 만약 일시적인 간통이라 하더라도 상피죄(相避罪)를 지었다고 하여 천하에 용인 받지 못하였다. 오백 년 이래 예법은 이성(彛性)으로 습성이 되어서, 멀리는 신라, 고려를 능가하는 어쩌면 그 어떤 다른 나라보다도 우수하다고 말할 수 있겠다.

『위서(魏書)』에 고조 승명 원년에 조서를 발포하여 "순박한 풍속은 상고에 행해지고, 문화적 예속은 근대에 발전되었다. 그래서 하은(夏殷)은 삼족 간의 혼인도 싫어하지 않았으나, 주대(周代)에 와서 처음으로 혈족 간 혼인의 풍습이 없어졌다. 이것은 시대의 진운에 따라 각각 알맞게 정치를 행했기 때문일 것이다."라고 되어 있다. 한의 『백호통(白虎通)』에는 "인간이 성씨를 가지고 있는 것은 친친(親親)의 예를 두텁게 하기 위함만이 아니고, 혼인함에 있어 민족의 이동(異同)을 구별하여 윤(倫)을 중요하게 여기기 위함이다."라고 쓰여 있다. 이것에 따라 본다면 혈족혼인은 상고 원시시대의 행사였고, 문화가 차례대로 열려온 근대에 와서는 도저히 허용할 수 있는 일이 아니다. 조선 이래의 물질문명은 이전보다 매우 쇠퇴하였지만, 윤리에 대해서는 조선의 학자가 스스로 예의의 나라라고 하는 것을 자랑으로 여기고 있다.

5) 혈족이 다르므로 결혼이 가능한 동성이관

이맹휴(李孟休)의 『춘관통고(春官通考)』에 본조(朝鮮)의 소위 지위가 있는 거족이라고 하더라도 고려 이전의 혈통은 아직 불분명했다. 이(李) 씨족의 본관(貫鄕)도 현재에는 꽤 부류를 알고 있지만, 최초는 동일원(同一源)이었을지도 모른다. 일찍이 임진란에 상국 이덕형은 접반사(接伴使)로서 명(明) 장군의 명에 따라 진영에 출입하고 있었는데 군의 상하는 공의 풍채(風采) 및 기량의 활달(濶達)함에 따르는 자가 많았다. 그런데 이산해의 사위라고 하는 것을 듣고 "이것은 본당이노(本當夷虜)의 풍속이다. 이공이 만약 이와 같은 행동을 하지 않았다면 왜 훌륭한 인격자라 하지 않겠는가?"라고 하였다.

짐작하건대 이덕형은 광주 이씨로 이산해는 한산 이씨이다. 성은 같지만, 관은 원래부터 다르다. 그러므로 혼인을 한 것으로 조선의 풍습으로는 뭐하나 문제 될 것이 없었다. 하지만 외국인의 측면에서 보면 동일성(同一姓)이기 때문에 동친족(同親族)의 혼인이 아닌가 의심받는 것도 무리는 아니다.

영종(英宗)시대 청화 이중환(靑華李重煥)의 『팔역지(八域誌)』[다른 이름은 택리지]에 "조선의 사부(士夫)는 모두 본국 재래의 묘예(苗裔)이다. 다만 기자 후손 선우씨, 고구려 고씨, 신라의 박, 석, 김 세 개의 성 및 가야국 김씨는 전부 왕자(王者)로 스스로 성(姓)을 정한 귀족이다. 신라 말엽부터는 중국과 교통이 가능해지고 문물을 교환하게 됨에 따라 처음으로 성씨를 제정하였다.

그러나 그것은 관직이 있는 사족에 국한된 것이었기 때문에 일반 평민에게는 보급되지 않았다. 고려가 삼한을 통일하고 나서 중국 민족을 모방하여 처음으로 성씨를 팔도에 배포하였기 때문에 인민은 전부 성(姓)을 가지게 되었다. 그러나 성(姓)을 배포하기 전의 파족(派族)이 각각 달라서 그냥 동관을 선택하여 동성으로 하고, 만약 다른 향읍의 사람이면 성이 같다 하더라도 친족 취급을 하지 않아 결혼하는 것을 금지하지 않았다.

(1) 선조시대

이수광(李晬光)의 『지봉유설(芝峯類說)』에 "혈족과 혼인하지 않는 것은 예이며, 옛날에는 그 성을 모르면 점을 보았다. 그러나 고려 시대에는 국왕이 오히려 혈족혼인을 하고 있었으니, 아래의 평민들은 어떠했을까. 본조의 사대부가는 혼제에 관하여 상당한 예법을 다하고 있었다. 다만 성의 자(字)가 같다 하더라도 씨관이 다르다면 그것은 상관하지 않고 혼인하였지만, 오히려 화인(華人)으로부터 비웃음을 당하였다.

나는 옥당(玉堂)에 있던 시절 명을 받아 역대 부마의 성씨를 고찰해 보았으나, 당의 순종시대 이무정이 공주에게 장가

든 것뿐으로[무정의 본성은 송으로 이(李)성은 황제로부터 하사받은 것이
다] 그 외 동성인 사람은 한 사람도 없었다.

(2) 인조시대

정경세(鄭經世) 『우복집(愚伏集)』에 의하면 "내가 부
사로써 강릉 일군에 타이른다. 본부(本府)는 사자(士子)가 많아서
풍속의 미는 도내의 모범이 되어 원래부터 문헌의 향(鄕)이라고
칭해진다. 본직은 착임하여 이러한 내용을 보고 들어 기쁨을 감
출 수 없다. 가능하다면 나이가 든 학자들을 한자리에 모아 예법
을 강명(講明)하여, 이것으로 일반에 철저하게 가르치는 것이 마
음속으로부터의 바람이나, 불행하게도 병이 들어 아직 실행에 옮
기지 못하는 것이 한이다. 요즈음 듣자니 여염집에서 예의에 어긋
난 추악한 일이 벌어지고 있다고 전해진다. 이것은 종래의 습관으
로 부지불식간(不知不識間)에 비례(非禮)에 빠져들기 때문에, 어느
정도는 사정을 봐주기도 해야 하지만 문헌의 지역으로서 수치스
러운 일이다. 나는 그중에서도 가장 문제가 있다고 여겨지는 것을
타일러 전달하고, 앞으로는 엄중하게 금할 것이다. 그 외의 일에
관해서는 차례대로 개량하여 민속을 더욱 고상(高尙)하게 하고,
더욱 우아하게 향상하고 싶다.

세대의 변천에 차츰차츰 선조는 먼 옛날의 일이 되
어버리고 자손은 점점 번성하기 때문에 종국에는 타인처럼 생각

된다. 그렇지만 혈통의 본래 계통은 하나이다. 그러므로 성인은 예를 제정하여 동친족은 백 년 후라 하더라도 서로 결혼하는 것을 제한하고 있다. 국법에 관이 다른 이성과 결혼하는 것은 인정하므로 이씨는 이씨와 김씨는 김씨와 결혼한다. 이것은 고례(古禮)는 아니지만, 당분간은 그대로 할 수밖에 방법이 없다. 그러나 동성 동관과의 결혼은 전국의 어디에서도 행해지지 않은 일로 이 군의 인민만이 범하고 있는, 다른 지역에는 알려져서는 안 될 정도로 면목이 없는 풍속이라고 말할 수 있겠다.

앞으로는 엄중하게 이것을 금지해야 하고 만약 위반하는 자가 있다면 관에서 처벌함은 물론 지역의 사람들로부터도 죄를 물어 엄히 다스리지 않으면 안 된다."라고 되어 있다.

(3) 정종시대

정약용(丁若鏞) 『여유당집(與猶堂集)』의 혼돈록(餛飩錄) 동성불혼조(同姓不婚條)에 "요순(堯舜)은 단면(袒免)친족임에도 불구하고 두 딸을 시집보내는 데 있어, 공공연하게 동성혼인을 하게 하였다. 성씨를 가지고 구별을 하고, 백 대 후라고 하더라도 서로 혼인하지 않는 것은 주(周)의 법제로 은하(殷夏) 이전에는 어떠한 제한도 없었다. 고려 왕가에 혈족혼인이 꽤 있었던 것으로 보이고, 또 한의 혜제가 노원(魯元)의 여자를 취한 것도 아직 동성혼인이라고 말할 수 있다. 선조께서 유신에게 명하여 전대의 사기를 고찰하게 하였으나 단지 당의 소종시대에 이무정이 공주에게 장가든 것이 전부이다. 그러나 무정의 본성은 송으로 이(李)성은 하사받은 것이기 때문에 동성이라고 말할 수 없다. 노소공은 오희에게 장가들었으나 춘추에 성(姓)을 거짓으로 오맹자라고 하고 있다. 조선에서 김(金), 이(李)와 같은 대성족(大姓族)이 단지 본관이 다르다는 이유로 서로 결혼하는 것은 크게 예에 어긋난다고 말할 수 있다.”라고 되어 있다.

⑷ 정종시대

정동유(鄭東愈)의 『주영편(畫永編)』에 동성을 취하지 않는 것은 주(周)의 시대부터 시작된 것이다. 필시 성인이 예를 제정하고 그것으로 민속을 선도하기 위함이었을 것이다. 결국, 동성이라는 것은 희성족(姬姓族)이 직(稷)을 동일 선조로 하고, 자성족(子姓族)이 설(契)를 동일 선조로 하는 것과 같은 것이기 때문에, 만약 직(稷)의 후손이 아닌 사람이 희(姬)의 성을 쓰고, 설(契)의 후예가 아니고 자(子)의 성을 가지는 자가 있다면, 노(魯)와 송의 왕족이라고 하더라도 서로 결혼하여도 지장이 없다. 이에 조선의 사대부도 동성이관이라면 사양하지 않고 서로 결혼하였다.

게다가 요즘에는 한 사람의 유자(儒者)가 논을 세우기를 “이성(異姓) 남녀라면 외숙 자식의 형제자매라고 하더라도 서로 결혼하여도 하등의 문제가 없다. 주자도 그것을 행하고 있지 아니한가. 본조(朝鮮)만 특별히 이성 친족 간의 혼인을 제한하고 있는 것은 오히려 누열(陋劣)한 풍속이라고 하지 않을 수 없다. 중국의 제도에 따라야 한다."라고 말하고 있다.

그렇다고는 하나 이성 친족 간의 제한설은 이전 시대부터 계속해서 시행되어 왔기 때문에 지금은 거의 정당한 풍속인 것처럼 생각된다. 원래 이 예의 본의는 아니지만 큰 해도 없을 것이라 생각한다. 이성 근친족의 혼인에 대한 주장론은 한동안은 꽤 논란이 되었지만, 그 후 따르는 자가 없으니 자연스럽게 소멸하였다. 이것은 조선 시대의 특유의 미속이라고 해야 하지만, 왜 이 순박한 좋은 풍습을 버리고 중화의 제도에 따르려고 하는 것인가.

6) 이관동성 간 혼인의 금지

현종(顯宗) 10년 기유년에 판중추 송시열은 상언하여 "처를 맞이함에 동성인 사람을 맞이하지 않는 것은 예이다. 지금의 국속(國俗)은 혼인함에 동성이라고 하더라도 이관이라면 상관하지 않는 것 같으나, 청하옵건대 앞으로는 이것을 금지하고 싶다."라고 말하자 왕이 이것을 따르셨다.

문헌비고에 "현종 10년에 명령을 내리시어 동성(이관)인 자가 서로 혼인하는 것을 금지하였다."라고 되어 있다.

(1) 영종 20년

『속대전(續大典)』의 혼인조에 "성의 글자가 같다면 본
관이 달라도 서로 혼인할 수 없다."라는 내용이 있다.

7) 실행되지 않는 이관동성 간의 혼인 금지

(1) 영종 시대

이종휘(李種徽)의 『수산집(修山集)』에 "무릇 혼인은 가
정의 시작이고, 윤리적으로 중요한 일이기 때문에 예의를 가지고
행하지 않으면 안 된다. 전쟁이 있던 세대에 사족가의 계보가 많
이 분실되었기 때문에, 지금은 이관동성이라고 하더라도 전대에
는 분명한 동성족이었을지도 모른다. 근세에 와서는 유현(儒賢)의
건의(建議)로 그것을 금지하고 있지만, 민간에는 전혀 영향이 없는
듯하다. 그렇기 때문인가 중국의 사가 등은 본조의 만속(蠻俗)이라
고 전하면서 대단히 풍평(諷評)하고 있다. 하루빨리 이것을 금지하
여 정말로 어지럽지 않게 하고 싶다."라고 말하고 있다.

이종휘는 또 말하기를 "조선은 원래부터 문헌이 적
었기 때문에 어차피 거성족(巨姓族)의 오래된 계보는 아직도 애매
하다. 본관이 다르다고 동성 간에 결혼하는 일이 꽤 많아졌다. 게
다가 심하게는 본조의 어떤 재상은 이 때문에 중국 사신에게 이
것저것 말을 듣게 되어, 국가로부터 성을 하사받아 겨우 해결하지
않았던가. 최근 유자의 건의로 영갑(令甲)을 전국에 발포하여 엄

하게 금지하고는 있지만, 종래의 습속에 익숙해져 있는 사람들이 간단히 고치지 못하는 것은 완고하고 천하다고 해야 한다. 혹은 이 때문에 한층 고려의 습속을 그대로 따라 하게 될지도 모른다. 중국의 소씨는 최초 곤구번(昆丘樊)에서 나왔지만, 하내(河內)의 소씨는 주의 사구분생(司寇盆生)을 선조(祖先)로 하고, 부풍(扶風)의 소씨는 한의 평륙후건(平陸侯建)을 선조(祖先)로 하고 있다. 그러므로 천하의 어떠한 소씨도 지금에 다다를 때까지 서로 혼인을 하지 않았다. 전에도 기술한 것처럼 지금은 관이 다른 것 같지만, 전대에는 확실히 동혈족이 아니라는 것을 무엇으로 증명할 수 있을까? 필자는 깊이 감복하는 부분으로 이것으로 현재 세상을 훈계하고자 한다."라고 했다.

말하자면 근대의 재상 김병시의 자식은 김영수의 손녀를 처로 삼았다. 본관이 다르기는 하지만 금지가 철저하게 이루어지지 않았다는 것을 알 수 있다. 그 외 민간의 혼인을 보면 거의 금조(禁條)를 무시하고 있었던 것 같다.

8) 동관의 이성임에도 같은 자손이기에 서로 혼인하지
   않는 씨족
⑴ 고려

이색(李穡)의 『목은집(牧隱集)』에 권(權)의 성은 김행부터 시작되어 이후 신라의 대성족이 되었다. 고려 태조가 즉위

후 신라를 공격하여 보주에 이르자, 행은 저항할 힘이 없다는 것
을 알고 성을 열어 항복하였다. 태조가 이것을 매우 기뻐하여 "행
은 권모술수가 있는 사람이다."라고 말하며 권의 성을 내리셨다.

또 『송간이록(松澗貳錄)』에 "김행은 원래 신라의 종
친으로 고창을 수호하고 있었는데 고려 태조의 군을 환영하였기
때문에 태조는 그의 수단이 매우 능수능란함을 깨닫고, 태사를
배명하여 적(籍)을 안동[족 일파의 적(籍)을 또는 예천(醴泉)으로 두게 하
였다]으로 두게 하였다."라고 되어 있다. 이러한 일이 있었기 때문
에 안동의 김, 안동의 권, 예천의 권의 씨족은 지금도 서로 혼인을
하지 않는다.

9) 이성이관임에도 같은 자손이기에 서로 혼인하지 않는 씨족

조선의 근대 김좌균(金左均)이 지은 『송간이록(松澗
貳錄)』의 허균식소록(許筠識小錄)을 인용하여 "김해의 수로왕은 금
알에서 태어났다고 하여 금에 따라 김(金)성으로 하고, 허황옥(許
黃玉)을 아내로 맞아 9명의 자식을 낳았다. 왕후가 그중 두 명의
자식에게 허의 성을 쓰게 하고 싶다고 하자 왕은 이것을 따랐다.
그래서 김해 김씨와 양천 허씨는 서로 혼인하지 않는다."

또한 청주 한씨, 행주 기씨, 태원 선우씨는 전부 기자
의 후예이기 때문에 서로 혼인하지 않는 것이고, 전주 차씨와 문

화 유씨와는 유차달[고려 태조의 공신이다]의 후손이기 때문에 서로 혼인하지 않는다.

10) 이성인 친족과의 혼인 금지

『문헌비고(文獻備考)』의 사혼례조(私婚禮條)에 의하면 대사간 김수령은 상소하여 "동성을 취하지 않는 것은 예이다. 본조의 풍속에는 이성의 친족이라 하더라도 그 온의를 동성족과 같다고 생각하고 있다. 그러므로 금재종형제[이성의 재종형제]가 서로 혼인하는 것은 윤리적으로 좋지가 않다. 따라서 유사에 명하여 그것을 제한하고 싶다."라고 되어 있다.

11) 어머니 쪽 친족과의 혼인 금지

이익의 『성호사설(星湖僿說)』에 의하면 "조선의 풍속에 어머니 쪽 친족을 동성친류(同姓親類)처럼 생각하여 그 형제자매와 혼인하지 않는 것에 대하여, 어떤 이는 그것이 야만적인 풍속이라고 평하고 있으나 매우 온당하지 않은 일이다. 부모의 상에 삼 년간 종사하는 것은 온정이 지극히 무겁기 때문이다. 아버지의 은혜를 받들어 비록 백 대라 하더라도 혼인하지 않기 때문에, 그것을 모계의 복제 친족에게 적용하는 것은 아마도 합리적일 것이다. 주(周)의 예를 짐작하건대 삼촌과 이모의 자식 간에 전부 복제가 있는 것은 서로 가깝기 때문이다. 친족이라고 생각하면서 혼인을 허락하는 것은 삼례경(三禮經)에 미루어 짐작할 수 없는 부분이기도 하다. 혼례(婚禮)는 은탕(殷湯)의 유제(遺制)이고, 역의 태 및 귀매(歸妹)에 보이고 있기 때문에 주(周)도 아직 이용하고 있다. 은(殷)은 백색을 중시하여 혼례(婚禮)에 백마를 사용하였기 때문에, 賁(비)의 육사에 "백마한여(白馬翰如) 비관혼구(匪冠婚媾)"라고 설명하고 있다. 공자는 송에 가서 곤건(坤乾)이라고 정정하고 있다. 곤도(坤道)는 모도(母道)이고 예를 제정하는 데 있어서 곤도(坤道)를 중요한 지위에 두는 것은 아버지와 어머니가 조금도 다르지 않다는 것을 의미한다. 따라서 은례(殷禮)에 모성족이라고 하더라도 은의(恩誼)를 추급(推及)하여 동성족과 동일시하는 것은 당연히 이치에 맞는 것이다. 조선은 기자가 창업한 땅으로 백의, 정전(井田), 혼인, 그 외 양속(良俗)의 대부분은 은의 제도를 상용하였다. 특히 윤리의 교가 보급되어 음외(淫猥)한 풍속이 사라진 것은 천하에 자랑이라고 말할 만하다. 중도에 이르러 고려의 음속은 지금까지도 유감이지만, 본조는 수명(受命) 이래 예의(銳意) 그것을 근절하는 일에 힘써왔다.

또 『성호사설(星湖僿說)』 동국미속조(東國美俗條)에 의하면 "많은 미속 중 가장 훌륭하다고 말할 수 있는 것은 모성 친족과 혼인하지 않는 것이다. 중화의 소설 등을 고찰하면 이성 친족 남녀가 어릴 때부터 서로 같이 놀면서 여러 가지 추태를 범하고, 그 때문에 혼인한 것을 미담으로 생각하고 있는 것을 발견하였다."라고 되어 있다.

짐작하건대 민간에서는 그것을 묵인, 또는 공공연히 행하고 있었기 때문이었을까. 조선에서는 벌써 백여 년 전부터 그와 같은 음속(淫俗)은 사라졌지만, 모성친족도 거의 동성친족과 같다고 생각하여 서로 혼인하는 것을 단연코 허락하지 않았던 것은 유일한 미속으로 추천해야만 한다. 일찍이 명의 역사를 짐작해 보면 중화시대에 정부로부터 모성친족 간의 혼인을 금하고, 또 기혼자에 대해서는 전부 이혼하게 하였다. 그러나 헤어지게 된 부부, 부자의 원망이 대단하였기 때문에 어쩔 수 없이 정부에서는 불편함을 논하여 결국은 금제를 정지하기에 이르렀다.

어떠한 일이든 종래의 폐풍(弊風) 또는 악습을 근절하는 데는 일시의 고통을 피할 수 없다. 만약 이것을 불편하다고 생각하여 방임한다면 피해가 더욱 만연하는 것은 정해진 이치이다. 명 정부의 처치는 지금도 아쉬움이 남는다."라고 쓰여 있다.

12) 조선 최후의 혼인조례

『형법대전(刑法大全)』에는 다음과 같은 혼인조례가 명시되어 있다[형법대전(刑法大全)이란 광무 7년부터 융희 4년에 다다를 때까지 대략 9년간 사용된 것이다].

제11장 11절 혼인위반율

제572조 동성 동관인 사람이 서로 혼인한다거나 또는 첩으로 삼는 사람은 태형 일백에 처하고 이혼을 하게 한다.

제573조 동성으로 복제가 없는 친족 또는 복제가 없는 친족의 처를 아내로 삼는 자는 징역 1년, 시마[(緦麻) 복제의 하나]친족의 처는 징역 2년에 처한다. 첩은 2등을 감한다. 시마·소공[복제의 하나] 이상의 친족, 또는 소공 이상의 처는 각각 간음률을 적용하여 판결하고 또 이혼하게 한다.

제574조 모성 친족과 서로 혼인하는 자는 다음 조례에 따라 처결하고 또 이혼하게 한다.

(1) 동모이부의 자매를 아내로 삼은 자는 징역 5년

(2) 외숙부의 처조카의 처를 아내로 삼는 자는 징역 1년 반, 첩은 징역 1년

(3) 처첩 전부의 딸을 아내로 삼는 자는 징역 3년

(4) 아버지의 자매의 자녀, 어머니의 자매의 자녀 또는 삼촌의 자매, 조모, 또는 외조모의 자매의 자녀, 자신의 종자매의 딸, 또는 자손의 처의 자매를 아내로 삼은 사람은 태형 일백에 처한다.

제575조 본항제조(本項諸條)에 의한 범죄행위가 주혼자에 기인할 경우는 주혼자를 처벌 대상의 주(主)로 하고 남녀는 종(從)으로 해야 한다. 남녀의 자유에 기인할 경

우는 남녀를 처벌의 주로하고 주혼자를 종으로 한다.

제576조 본 조령과 관련하고 있는 것을 알고도 매개(媒介)하는 자는 범인의 율에 1등을 감한다.

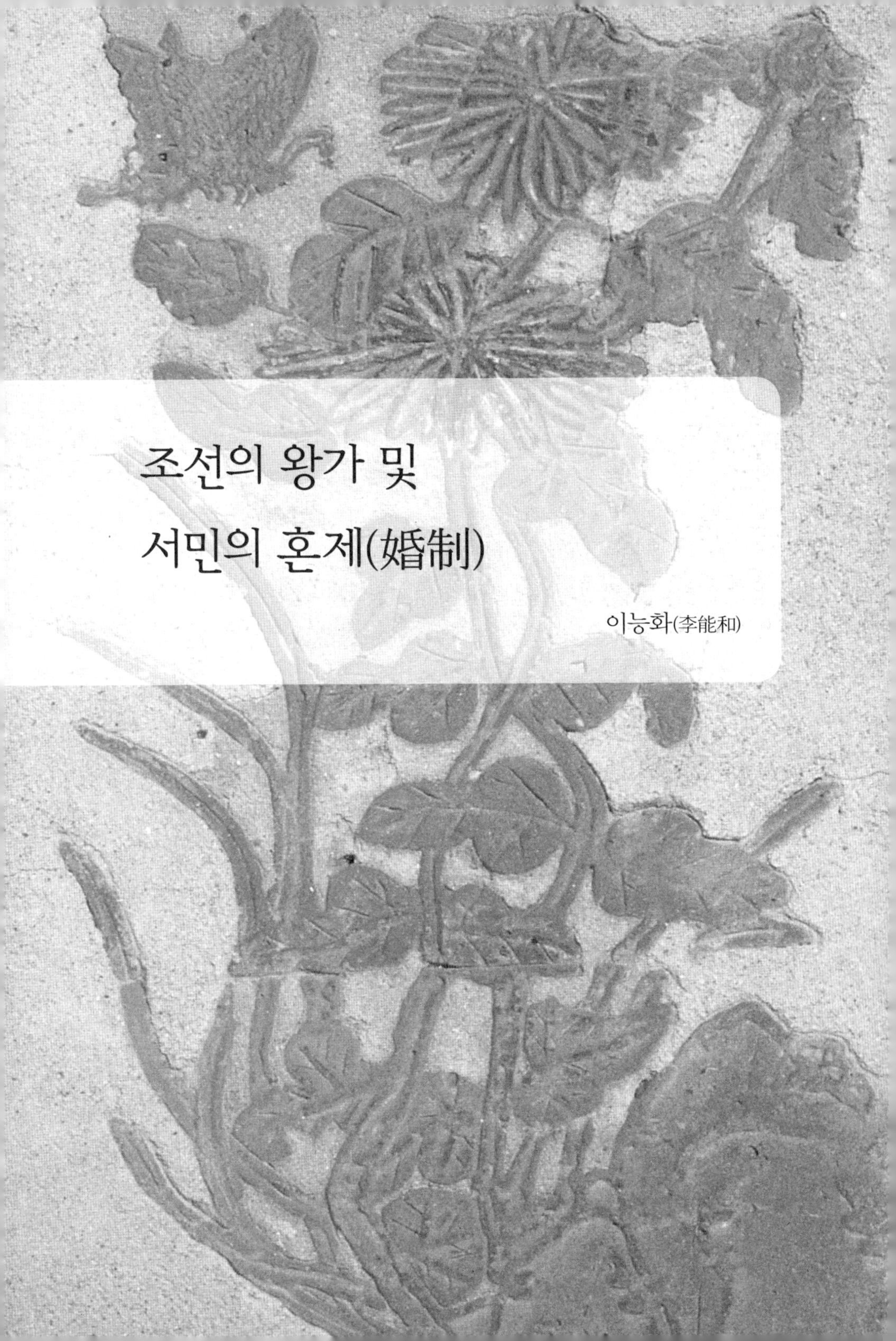

조선의 왕가 및
서민의 혼제(婚制)

이능화(李能和)

1. 왕가의 혼제

1) 간택

왕가에서는 혼례(婚禮)를 올리기 전에 먼저 금혼령(禁婚令)을 발표한다. 종실의 여자, 이씨 성을 가진 여자, 과부, 신분이 낮은 여자를 제외한 나머지 경성 내외 사대부의 규양(閨養)의 명부를 작성하여 봉상한다. 그리하여 기일이 되면 궁중에 불러들여 처녀의 아버지 이름을 자리의 앞에 써서 자리를 정한다. 이것은 심사를 편리하게 하기 위함이다.

초간택을 하고 입선자 중에 재간택을 하여 세 번째 간택에 입선한 처녀를 후보자로 결정하고, 그 후에 금혼령(禁婚令)을 거두고 가례(嘉禮)를 올린다.

이익(李瀷)의 『성호사설(星湖僿說)』 간택조(揀擇條)에 "이씨조선이 국혼을 하는 데 있어서 처음에는 궁으로 불러 모아 친히 심사를 하는 예가 없었다. 속설에 의하면 태종이 이속의 아들을 부마로 삼을 계획으로 청을 넣었으나 이속은 손님과 바둑을 두며 '짚신은 짚으로 삼아야 적합하다'고 하였다. 이것은 신분이 맞지 않는 곳과 혼인해서는 안 된다는 의미였다. 왕은 이를 듣고 크게 노하시어 이속의 재산을 몰수하고 그의 자식의 처첩을 허락하지 않았다. 그리고 사대부가의 자녀를 궁중에 불러 모아 친히 간택식(揀擇式)을 하도록 명령을 내리셨다."라고 전해진다.

선종조에는 군왕 및 동궁이 혼의를 하는 경우를 제외하고는 왕자라 하여도 궁정에서 간택식을 하는 일이 없었다. 감찰상궁이 각 사대부의 집에 파견되어 심사하고 간택을 하게 하였으나 지금의 왕(선조)에 이르러 모든 왕자의 혼의에도 궐내에서 간택식을 하게 되었다. 이는 그저 선왕부터 전해 내려온 전례를 깬 것뿐만이 아니라 분수에 넘치는 화근이 여기서부터 싹텄다고 할 수 있다. 광묘(세조)는 수양궁이던 시절에 아직 길례를 올리지 않았고, 정희왕후의 언니에게 마음이 있어서 감찰상궁을 그 집에 출장 보냈었다. 처음 주부인은 정희와 함께 나와 감찰상궁을 맞았다. 어린 소녀였던 정희는 단의동발(短衣童髮)로 부인 뒤에 숨어 있었으나 부인은 "아직 어린아이이기 때문에 자리에 참가할 자격이 없다."라고 말하고 안에 들어가게 하였다. 감찰상궁은 정희의 용모 및 행동이 비범하다는 것을 눈치채고 그 사실을 위에 고하였다. 결국 세조와 정희는 결혼을 하였고, 그로 인하여 감찰상궁이 사람을 감별하는 식견이 있다며 세간에서 추앙받게 되었다고 전해진다.

이긍익(李肯翊)의 『연려실기술(燃藜室記述) 별집(別集)』 평론(評論)에 조선 간택식의 예에 어긋나는 부분에 대하여 이미 율곡(栗谷) 선생님(이이)은 잘라 말하고 있었으나, 선조는 끝내 그것을 받아들이지 않았다. 왕비가 시집을 옴에도 "제을의 귀매(帝乙의 歸妹)에 의거한 바른 예법이 있는데도 불구하고, 한 사람의 여자를 위하여 국내의 소녀를 모아 세 번이나 간택하여 고르는 것은 예의(禮儀)의 나라이면서 예의(禮意)에 위반되는 행사라고 말하지 않을 수 없다. 하물며 왕비, 동궁 비, 왕자의 부인을 선택할 때에도 사대부의 처녀를 물품같이 취급하는 것은 천하의 어떠한 나라에서도 하지 않았던 일이다. 태종조부터 행해져 사백여 년 간 계속돼 왔으나 아직도 혁신되지 않는 것은 심히 개탄할 만한 일이다. 왕비를 선택함은 상당한 식견이 있는 감찰상궁이 여자의 집안, 골격, 재예(才藝), 응대하는 태도 등을 일일이 살펴보고, 모든 면에서 뛰어난 자를 입선시키는 것이 정당하다. 이것은 일국의 의범(儀範)을 나타내는 부분으로 왕가는 예에 어긋나는 행위를 해서는 안 된다.”

『공사견문록(公私見聞錄)』에 권씨의 일화가 있는데, 권씨는 경성의 어느 사족 여자였다. 인조가 소현세자의 간택 식을 행하였는데 권씨도 참가하였다. 용모가 매우 아름다웠고 덕행도 상상이 되었으나, 거동은 법도에 맞지 않았고 표정도 매우 천박하였다. 더욱이 음식을 받으면 손가락으로 난폭하게 먹으니 관인은 중풍병자라고 말하고 돌려보냈다. 그러나 나중에 덕이 있는 부인이라는 것을 알고 인조는 술책에 빠진 것을 후회하였다고 전해진다.

2) 친영(親迎)

이맹휴(李孟休)의 『춘관통고(春官通考)』에 의하면 세종 10년 갑인년의 가르침에 "혼례(婚禮)는 삼강(三綱)의 근본으로 가정의 시작이므로 예로부터 성인은 이것을 중대시하여 친영의 예를 제정하였다. 그러함에도 본조의 풍속은 남자가 여자의 집에 들어가는 것을 예전부터 해왔기 때문에 갑자기 혁신할 수가 없었다. 앞으로의 왕자, 왕녀의 혼인은 일체 고제(古制)에 따라 모범을 보여, 인민의 행할 길을 열어야 한다."라고 전한다.

중종(中宗) 7년 10월 갑신년에 정원(政院)에 전하기를 "본조의 풍속은 남자가 여자의 집에 들어가는 것을 정식으로 생각하고 있다. 그러나 그것은 고례를 위반하고 있으며, 그 유래는 정말로 예전의 것이다. 지금부터 왕자와 왕녀의 혼인은 전부 고제에 따라 행해야 한다."라고 하고 있다.

　　20년 정축에 문정왕후의 가례를 할 때에 당연한 교훈으로 "선현은 혼인의 예가 바르게 서야만 모든 일이 순조롭게 성취된다고 전하고 있다. 적당한 예관으로 하여금 친영의 예를 찬정(撰精)하게 하고, 태평관을 수선하여 친영의 장소로 해야만 한다. 왕은 면복을 착용하고 왕비를 태평관에서 마중하고, 왕비는 선정전(宣政殿)에서 중외 귀부녀의 하표(賀表)를 받는다. 왕은 정부의 육조를 초대하여 '예전에 노나라의 애공(哀公)이 면복으로 친영을 한 것은 너무 과한 것이 아닌가' 하고 묻자, '공자는 이성(二姓)의 호합(好合)으로 선성(先聖)의 뒤를 잇고 종묘사직(宗廟社稷)의 주인이 되기 때문에 존중해야만 한다'고 대답하고 있다. 지금은 그 시대와는 다르지만, 정례를 폐지해서는 안 된다. 지금 친영의 예를 행하여 그것의 중요함을 신민 일반에게 나타내고 싶은데 어떠한가?"라고 전하고 있다. 영상(領相) 정광필(鄭光弼)은 "조종조(祖宗朝)에는 친영의 예가 없었기 때문에 신 등의 소견으로는 오례의(五禮儀)를 가지고 이것을 행하고 싶습니다."라고 말했다. 왕은 "내가 오례의(五禮儀)를 고찰하니 다른 조례는 갖춰져 있는데 친영에 관한 것은 설명되어 있지 않다. 내가 생각하건대 윗사람이 친히 간다면 아랫사람은 매우 기뻐할 것이니, 홍문관에 명을 내려 고례를 고찰하게 하라."라고 하였다.

직제학(直提學) 이운(李耘) 등은 모든 가문의 의론을 종합하여 다음과 같이 아뢰었다.

정자(程子)는 "선유(先儒)등이 전부 제후(諸侯)에게 친영하는 것을 권하고 있지만, 친영한다는 것은 관소(館所)에서 맞아들이는 것이다."라고 말하였다. 호녕(胡寧)은 "천자는 천하의 지극히 높으신 분으로 왕후는 함께 천지종묘의 만세에 지속할 중요한 지위이다. 그러므로 혼담이 성립된다면, 공경(公卿) 등은 왕녀를 경사(京師)에 보내고 미리 준비된 관소에서 휴식을 취하고 있으면 천자가 친히 맞아들인다."라고 말하고 있다. 주자는 "옛날에 천자가 후의 집에 친림(親臨)하여 혼례(婚禮)를 올린 규정이 없다. 그렇기 때문에 후의 집 가까운 곳에 임시로 관소를 마련하여 거기서 혼의를 올리거나, 중도에 후가의 출장소를 마련하여 신랑은 거기까지 가서 신부를 맞이한 예는 있다. 국가의 오례의(五禮儀)에 세자의 친영에 관한 설명은 있으나, 왕비에 대해서는 설명하고 있지 않다. 그것은 천자의 일이기 때문에 따로 유예(類例)를 마련하지 않은 요량인 것 같다."라고 되어 있다.

이것에 따라 말하자면 "천자가 관소에서 친영하는

것이 옳으며, 결코 후의 집에 가서 혼례(婚禮)를 올려서는 안 된
다.”라고 전하는 것이다.

유순(柳洵)은 관사(館舍)에서 친영하는 것에 관하여
건의(建議)하였지만, 송질(宋軼), 남곤(南袞), 조계상(曺繼商), 최숙생
(崔淑生), 정수강(丁壽剛), 정광필(鄭光弼), 김응기(金應箕), 신용개(申
用漑), 권균(權勻), 김전(金銓), 윤순(尹旬), 고형산(高荊山), 이계맹(李
繼孟)등은 이것에 반대하여 “오례의(五禮儀)는 선왕의 헌장(憲章)이
기 때문에 당연히 이것에 따라야 하는데 친영을 가지고 운운해서
는 안 된다.”라고 전하였다.

왕은 유순(柳洵)의 건의에 따라야 한다고 주장하고
정광필(鄭光弼)은 “이것을 한다면 조종조의 법례에 어긋나는 것
이 아닌가?”라고 말하였다. 왕은 “조종조의 예문에 거행할 부분
이 있는데도 내 시대에 와서 그것을 하지 않는다면 선왕의 법을
무너뜨리는 것이 되겠으나, 처음부터 없었던 것을 하는 것이 어찌
훼손하다고 말할 수 있겠는가? 지금부터 이것을 규정으로 하고
오례의(五禮儀)의 주(註)에 첨가, 기록하여 후세에 준행토록 하라.”
(『실록(實錄)』)

선조(宣祖) 35년 임인(壬寅)년에 인목왕후와 혼례(婚
禮)를 하는 데 있어 예조로부터 고하기를 “혼인의 육례는 옛날부
터 해 온 것으로, 『두씨통전(杜氏通典)』에는 납채(納采), 납징(納徵),
문명(問名), 고기(告期), 책비(册妃), 봉영(奉迎)의 여섯 가지이지만, 오

전(五典)은 오례의(五禮儀)에 올라 있는 명칭과 같지는 않다.”라고 되어 있다. 홍문관에서 아뢰기를 “예기(禮記)를 상고하니 납채(納采), 문명(問名), 납길(納吉), 납징(納徵), 청기(請期), 친영(親迎) 등이 올라 있습니다.”라고 하였다.(『문헌비고(文獻備考)』)

이수광(李睟光)의 『옥당답자(玉堂劄子)』에 “머리 숙여 청하옵건대 두 성(二姓)이 호합(好合)하여 종묘를 계승하는 것입니다. 그러므로 선현도 묘알례(廟謁禮)에 관하여 중히 여겨야 한다고 주장하고 있습니다. 오늘날 육례 및 그 외의 의식은 전부 행해지고 있지만 다만 묘알례(廟謁禮)만이 강구되어 있지 않습니다. 이것이 심각한 결점이라고 말하지 않을 수 없습니다. 만약 오례의(五禮儀)에 실리지 않았기 때문에 할 필요가 없다고 한다면 친영의 예는 오례의(五禮儀)에 근거하는 부분이 있겠습니까? 중묘시대에 처음으로 행해져 마침내 성조(聖朝)의 의범이 되었습니다. 게다가 묘알(廟謁)의 예(禮)는 예법 중 가장 중요시해야 합니다. 고례 및 회전(會典) 등을 참고로 하면 역대의 제왕 전부가 이것을 행하고 있습니다. 그럼에도 근자에 이를 행하지 않고 어찌 오례에 완비되어 있지 않다고 탓만 한다는 말입니까. 고례 및 주자가례에 삼일 묘알의례를 제정하고 있습니다. 지금은 강구조차 아니하여 삼 일 안에 그 예를 올리는 일도 없습니다. 그렇다고 삼 일 안에 실행하지 못 할 것도 없을 것입니다. 본조의 사대부가에서는 많은 집에서 이 예를 행하고 있기 때문에 지금 만약 본조부터 이것을 단행

한다면, 그냥 조가(朝家)의 위의(威儀)가 되는 것뿐만이 아니고 영원한 정법(正法)으로 취급될 것입니다. 바라옵건대 성명(聖明)으로 하루빨리 예관으로 하여금 연구하게 하여 실행될 수 있기를 바라옵니다."(『지봉집(芝峰集)』)

2. 서민의 혼제(婚制)

1) 친영이 행해지다

조선의 풍속에 아내를 들이는 일을 입장가(入丈家)라고 말하고 있으나, 장가는 말하자면 처의 집을 말하는 것으로 입장가라는 것은 남자가 아내의 집에 들어가는 것을 말한다.

유형원(柳馨遠)의 『반계수록(磻溪隨錄)』에 "사대부(士大夫)는 처보다 가난하면 사위가 입가(入家)하는 형태가 되기 때문에 아내를 얻는다(娶妻)고 말하지 않고 장가를 든다(入丈)고 말하고 있다. 다만 이것은 정상적인 것은 아니므로 심히 남녀의 의에 어긋난다."라고 말하고 있다.

말하자면 남자가 아내의 집에 들어가는 풍속은 필경 고구려로부터 전해져 고려조에 성행했던 것 같다. 『동국통감(東國通鑑)』에 의하면 고려 충혜왕 때의 원어사(元御史)는 "그 풍속을 말하자면 남자로 하여금 여자를 데려가게 해야 하는데, 결코 여자는 내보내지 않으니 마치 진(秦)의 혼인과 같다."라고 말하고 있다. 그 한마디를 가지고 습속을 짐작할 수 있듯이, 조선 시대에 와서 처음으로 남자가 여자의 집에 들어가는 풍속이 변하여 친영의 예를 하게 되었다.

『삼봉집(三峰集)』에 의하면 태조시대(太祖時代) 정도전(鄭道傳)이 말하기를 "친영의 예가 폐지되어 남자가 여자의 집에 들어가지만, 식견이 없는 부인은 부모의 세력을 믿고 남편을 경시하고, 결국은 반목하여 집안의 법도가 무너진다."라고 하고 있다.

실록에 의하면 태종(太宗) 15년 춘정월, 예조가 복제(服制)의 제정을 위에 상소하여 "전조의 풍속에 남자가 여자의 집에 들어가면 자손이 어머니의 집에서 성장하기 때문에, 외가의 은혜를 중하게 생각하여 외조부모나 처의 부모의 복상에 30일의 휴가를 주고 있다. 그러나 본조에도 그 습속을 그대로 사용하니 부모에 대한 도리에 어긋난다. 앞으로는 외조부모의 대공복(大功服)에는 20일의 휴가를 주고, 처의 부모의 소공복(小功服)에는 15일의 휴가를 준다."라고 하니 왕은 이것에 따랐다.

또 이전에 예조에서 친영의 예를 의결하여 상소하였으나 결국 실행에는 이르지 못했다.

실록을 정리하자면 중종(中宗) 7년 10월 갑신년에 정원에 전교하기를 "본조의 풍속에 남자가 처가를 하는 것은 오래전부터 해왔기 때문에 갑자기 변경하기 어려운 부분이 있다. 지금부터 왕자, 왕녀의 혼인은 물론 고관대작의 혼인식도 일체 고례에 따라 거행하여 인민의 모범으로 삼고자 하니, 경들은 자세히 이것을 연구하여 계(啓)로써 아뢰도록 하라."라고 하고 있다.

또 10년 10월 병자년에 전교하여 "혼인의 예가 바르게 된 후 처음으로 군신 부자의 도가 원만하게 행해질 것이다. 본조의 예악 문물은 많은 부분이 갖추어져 있다. 다만 이 예만이 갖추어져 있지 않은 것은 매우 유감스러운 일이다. 지금 국조보감을 고찰하면 선조는 이것들을 개혁하기 위하여 매우 고심한 것 같지만 결국 실행에는 이르지 못하고 있다. 혼인은 만세의 시작이기 때문에 남자가 여자의 집에 입적하는 것은 천리 및 인도상의 역행이다. 이러한 뜻을 전하고 이것으로 일반을 계몽해야 한다."라고 전해진다.

『춘관통고(春官通考)』를 참고로 하면, 11년 병자(丙子)년에 가르치기를 "세종조(世宗朝)는 흔히 고례제(古禮制)라고 하여 왕자, 왕녀의 혼의에는 모두 친영의 예를 행하여 사민의 모범이 되고 있었다. 그러나 근래에 다시 구습을 가지고 남녀의 도를 역행하고 있는 듯하니 서둘러 중외에 논의하여 예를 가지고 행해야 한다."라고 되어 있다. 또 13년에는 친영에 대하여 간곡하게 가르쳤기 때문에, 유자(儒者) 김치운(金致雲)이 처음으로 친영을 하여 이것이 정례가 되었다. 그런데도 기묘년에 문정공(文貞公) 조광조(趙光祖) 등이 화를 입자 이 예도 폐지되었다. (『문헌비고(文獻備考)』)

명종조(明宗朝)시대 사민가에서 혼례(婚禮)를 하는데 조금씩 종래의 습속으로 변하여 신랑이 신부 집에 가면 신부는 나와서 인사 및 혼식의 예를 행하고, 다음날 시부모를 만난다. 이 것을 반친영(半親迎)이라고 말하고 있다. (『춘관통고(春官通考)』)

중종(中宗) 무인(戊寅)년에 처음으로 친영의 예를 하게 되어 있었으나 기묘사화로 폐지되었다. 근래 사족가 등이 길석(吉夕)에 주자(朱子)의 가례에 따라 행사하는 것을 진친영(眞親迎)이라고 말하고, 여자의 집에 가서 교배례 혹은 근연(졸宴)을 하고 다음날 시부모를 만나는 것을 반친영(半親迎)이라고 말하고 있다. (『후청쇄어(候鯖瑣語)』)

『춘관통고(春官通考)』에 "조선의 혼례(婚禮)는 매우 조잡한 것으로 중고 이래 사대부는 혼인하는 밤에 신부의 집에 납폐만 했고 합근례(合졸禮)는 사흘 후에 했으니 매우 의의가 없는 일이다. 서화담[(徐花潭) 이름은 경덕(敬德)으로 명종시대의 사람이다]은 이것을 안타깝게 생각하여 혼인 당일 밤에 합근례(合졸禮)를 하도록 정하고 장려하자, 그것이 관례가 되어 지금까지 계속되고 있다."라고 되어 있다.

조선의 풍속에 혼인하고 난 후 사흘 후에 첫 대면을 하는데 이것을 삼일대반이라고 말한다. 문정공 조식[(文貞公曹植) 호는 남명, 명종시대의 사람이다]은 "주자(朱子)의 가례를 일체 그대로 행함은 현재사정이 허락하지 않는다."라고 말하고 고금을 안

타깝게 여겨 혼인하는 날에 교배 및 상견의 예를 병행하도록 결정하였으나, 아마 이것이 고례로 돌아가는 단서였다고 전해진다.

『동유사우록(東儒師友錄)』조문정공유사조[(曹文貞公遺事條) 박세채찬(朴世采撰)]에 "혼인 상제를 전부 가례에 의해 행하지만, 대의만 채용하고 그 외의 세쇄(細鎖)는 버린다. 혼례(婚禮)를 함에도 친영은 실행할 수 없다고 하여도, 신랑과 신부로 하여금 교배 및 상견례를 하게 한다. 또 근연(卺宴)을 함에도 식탁에 높게 쌓는 것이 사라지지 않고 있었으나 사대부 등이 이것을 모방하였기 때문에 풍속이 점차 변천됐다."라고 되어 있다.

『진산지(晉山志)』에 "조선은 선현이 유학을 솔선하여 주장한 이래 문교가 매우 작흥(作興) 되어 있다. 그렇지만 마을 간의 폐풍은 아직 남아 있어 혼인하고 나서 삼일의 후상견례(後相見禮)를 하는데, 이것을 삼일대반(三日對飯)이라고 한다. 그리고 상중에는 불전에 공양하고, 또 야사(野祀)를 하는데 이것을 청배(靑排)라고 말하고 있다. 그러나 양반들은 종래의 부습(傅習)에 얽매어 조금도 잘못된 것으로 생각하지 않는다. 남명 선생이 덕유산에 은둔하고부터는 관혼상제를 일절 주자에 의해 행하게 되었기 때문에 혼례(婚禮)를 함에는 당일에 교배 및 상견례를 하고, 상중에는 부도(浮屠)를 사용하지 않는다. 이것에 의하여 풍속이 많이 개량되었다. 대현(大賢)의 언행이 사회 일반에 영향을 미친것은 실로 위대한 일이라는 것을 알아야 한다."라고 되어 있다.

선조(宣祖) 7년 갑술 9월 기묘년에 원(院)에서 아뢰기를 "사민(士民)은 근년 이래 겨우 고례의 바른 일이나 구습의 잘못된 부분에 대하여 인식하기 시작했지만, 아직 실행에는 이르지 않고 있습니다. 바라옵건대, 앞으로의 혼례(婚禮)는 일체 주자의 가례에 따라 하는 것이 어떻겠습니까?"라고 말하였으나, 왕은 "혼례(婚禮)는 각각의 전례가 있을 것이기 때문에 지금 새롭게 식례를 세울 필요를 느끼지 않는다."라고 하였다.

유형원(柳馨遠)의 『반계수록(磻溪隨綠)』 신명친영지례조(申明親迎之禮條)에 "오늘날 왕자의 혼의에는 전부 친영의 예를 행하고 있는데 사대부에서는 사위의 집이 가난하다고 하여 집으로 맞아들인다. 그러므로 맞이한다고 말하지 못하고 장가를 든다고 말하고 있다. 이것은 남녀의 의에 위반되는 일이기 때문에 마땅히 삼가 예법을 밝혀야 하고, 그것으로 인륜의 도를 바르게 해야만 한다."라고 되어 있다.

『문헌비고(文獻備考)』에는 "영종(英宗) 25년에 사대부가 혼례(婚禮)를 함에 반드시 친영해야 한다는 명이 내려졌다."라고 되어 있다.

2장

상례와 제례

조선의 묘지 문제

니시키 산케이(西龜三圭)

1. 묘지에 대한 관념의 시정

조선의 묘지에 관한 관념 안에는 조상숭배의 숭고한 정신이 깃들어 있는 것은 당연하지만, 예전부터 전해 내려오는 미신적인 요소가 적지 않기 때문에 풍교(風敎), 산업, 경제, 사회 각 방면에 커다란 폐해를 끼치고 있는 것도 사실이다.

조상숭배는 실로 숭고한 것으로 다른 나라들도 이와 비슷한 풍습을 지니고 있다. 특히 우리나라[일본을 말한다]는 이와 같은 관념이 강하여 조상을 제사 지내는 묘지를 소중히 생각하고, 내지에도 여러 가지 미신과 같은 관념은 있으나 조선과 같이 묘지의 방위나 지상(地相)을 가지고 수선을 떤다거나 묘지 때문에 막대한 지적(地積)을 사용하거나, 또는 법외의 재산을 투자하는 곳은 없다. 모름지기 묘지에 대한 관념은 조상숭배를 기반으로 해야만 하는데, 그것보다도 뒤에 서술하는 풍수설이라고 하는 미신으로부터 자신과 자손의 번영을 목적으로 하는, 다시 말하자면 '이익적 관념'에 중점을 두고 있으므로, 이것은 심각하게 생각해 보아야 하는 문제이다. 게다가 이와 같은 행동이 자신과 자손에게 번영을 가지고 오는가 하면 사실은 전혀 반대이다. 오히려 자신과 자손을 망하게 하고 있을 뿐만이 아니고 사회 각 방면에 커다란 위해를 가하고 있다는 사실을 각성하지 않으면 안 된다.

내지나 외국에서는 마을의 외곽이나 산 중턱, 절의 경내 등에 공동묘지가 설치되어 있어, 예로부터 이곳에는 부자도 가난한 자도 학자도 무학자도 존경받는 사람도 악행을 저지른 악인도 인접하여 묻혀있다. 만일 묘지의 방위나 지상(地相)이 자기 자손의 영고성쇠(榮枯盛衰)에 영향을 끼친다고 한다면 이들의 자손들은 전부 흥하였거나, 혹은 쇠퇴하였거나 전부 같은 운명에 봉착했어야만 하지 않은가. 물론 이와 같은 일이 일어날 리도 없거니와 일어난 사실도 없다. 우리가 묘지를 소중히 여겨야 한다고 하는 것은, 우리의 가문을 일으킨 선조나 부양하여 길러주신 부모의 은혜에 감사하기 위하여 영혼을 기리기 위함이다. 더 나아가서는 자기를 반성하고 주야로 수양하는 노력을 게을리하지 아니하고 입신출세하여 집안을 일으키는 것으로 선조와 부모의 은혜에 보답하기 위함이다. 그런데도 자기의 수양을 게을리하고 가업에 힘쓰지 아니하고 동분서주하여 쓸데없이 힘을 낭비하고, 재산을 탕진하는 과오를 저지르고 집안을 기울게 하는 것뿐만이 아니고, 사회에 까지도 폐를 끼치는 지경에 다다른 것은 묘지에 대한 관념 중에 커다란 오류가 있기 때문이다.

예전의 쇼와(昭和) 9년(1934) 10월에 의례준칙이 공포되어 총독의 유고(諭告)가 발표되었다. 그중에 "조선 총독부는 시정 이래 일한병합의 큰 뜻에 따라 민중의 영원한 강복(康福)을 증진하기 위하여 민도(民度)를 고려하고 시세(時勢)의 진운에 순

응하여 각반(各般)의 시설을 정비하였다. 그러하여 이십 유 사년(二十有四年) 이 사회의 진보, 민력의 신전(伸展)이 현저하고 특히 최근의 자력갱생, 농어촌진흥의 시설을 점차 진행하면서 도비(都鄙)를 통해 물질적인 부분뿐만이 아니고 인문 교화방면도 발달이 현저하여 민풍이 겨우 혁신되어 가고 있다. 그러나 아직도 일반 생활양식 중 예의에 관해서만은 구태의연하여 여전히 개선의 여지가 적지 않다. 그중에서도 혼장제(婚葬祭) 세 가지의 형식, 습식과 같은 헛된 번문욕례(繁文縟禮)의 번거로움에서 벗어나지 못하고 있다. 그리하여 오래된 인습의 감옥에서 벗어나기 어렵고, 저간제종(這間諸種)의 폐누(弊累)가 속출하여 결국 엄숙해야 하는 의례도 자주 형식에만 얽매어 그 정신을 아주 잊어버리는 것을 걱정하는 지경에 이르게 되었다. 지금이라도 이것을 바르게 고쳐 바꾸지 않으면 민중이 잃을 것이 많음은 물론, 지방 진흥국력의 신전을 방해하는 부분이 틀림없이 적지 않다."라고 적혀 있다. 또 그에 따른 학무국장의 이야기 중에도 "이러한 의례 때문에 모든 종류의 폐해가 발생하여 민중은 번잡스러움을 참고 있는 것은 물론이고, 이것을 행함에서도 자연히 신분에 어울리지 않는 비용과 필요 없는 시간을 사용하게 된 탓에 사회 전반이 괴로워하여 1회의 결혼, 1번의 장례에 집안이 기울어버리는 사람도 적지 않았다. 일반 민중은 이것들의 폐단을 숙지하고 있으나 수백 년간의 전통과 관습에 얽매어 지금까지 그것으로부터 탈피

하는 것이 불가능했다. 만약 이런 상태로 예측해 보면 조선 민중의 번영, 사회의 진보는 도저히 희망이 없다고 생각한다. 게다가 최근 농산어촌의 진흥이 강력히 주장되어 자력갱생이 강조되는 지금 이것 등의 폐해가 암과도 같이 사회의 근저에 침입하고 있어서는 좀처럼 그 주효(奏效)가 곤란하다고 보지 않을 수 없다. 즉 조선의 생활개선 문제도 자력갱생의 문제도 먼저 기조를 의례의 개선에 두지 않으면 안 된다고 생각한다."라고 서술하고 있다. 정말로 적절한 논지이나 이것은 오직 의례의 개선에 대한 것뿐만이 아니고 묘지에 대한 관념의 제정에도 적절한 논지이고 더욱 그 기조를 의례의 개선에 둔다고 말하기보다는 오히려 거슬러 올라가 묘지에 대한 관념의 제정에 두어야 한다고 생각한다. 우선 근본관념을 제정하고, 그 후 형식에 대한 개선을 해야 한다고 생각된다.

이상 서술한 내용으로 묘지에 대한 관념의 제정과 이에 따른 폐습의 교정이 얼마나 필요한 문제였는지 알 수 있다고 생각한다. 더욱이 조선의 묘지가 현재 얼마만큼 광대한 면적을 차지하고 있는지, 게다가 그것이 매년 어떠한 기세로 증가하고 있는지, 묘지에 관한 범죄나 고소가 얼마나 다수를 차지하고 있는지, 이것들을 구체적 사실을 가지고 보면 한층 그 중요성에 대해서 통감하게 될 것이다.

2. 묘지의 수와 면적

묘지에 관한 각 도(道)로부터의 통계는 극히 부정확하고 사실을 예측하기가 쉽지 않다. 게다가 쇼와(昭和) 6년(1931) 이전의 것은 특히 심하다. 모처럼 조사를 한다면 조금이라도 정확한 것을 만들고 싶으나 아무튼 여기에 지금까지의 숫자와 함께 관찰해 보고자 한다.

쇼와(昭和) 12년(1937) 말 현재의 묘지 상황

공동묘지	25,989개소 (二萬五千九百八十九)	49,207,915평 (四千九百二十萬七千九百十五)
신고묘지	94,020개소 (九萬四千二十)	146,683,798평 (一億四千六百六十八萬 三千七百九十八)
허가묘지	8,850개소 (八千八百五十)	15,549,106평 (千五百五十四萬九千百○六)
합계	128,959개소 (十二萬八千九百五十九)	211,450,819평 (二億千百四十五萬八百十九)

묘지 전반에 걸친 비교이기는 하지만 조선의 공동묘지, 신고묘지, 허가묘지의 면적을 비교하면 공동 23.2:신고 68.0:허가 8.8이기 때문에 신고묘지가 대부분을 차지하고 있는 것을 알 수 있다.

일방리(一方里)는 1,550 정보(町步)가 되므로 조선 전 면적 14,310 일방리의 0.3%에 해당하고, 또 충청북도 면적 약 480 방리의 약 1할에 해당한다.

이것을 내지의 묘지에 비교하면 쇼와(昭和) 11년 (1936) 말 현재는 다음과 같다.

쇼와(昭和) 11년(1936) 말 현재

	내지	조선
묘지수	977,840개소 (九十七萬七千八百四十)	126,971개소 (十二萬六千九百七十一)
동면적	70,434,100평 (七千○四十三萬四千百)	208,998,044평 (二億○八百九十九萬 八千○四十四)
	(24,149정보) (二萬四千百四十九町方)	(69,666정보) (六萬九千六百六十六町方)

이 비교에서 주의해야 하는 점 첫 번째는 묘지 1개소의 평균면적은, 내지는 72평임에 반해 조선은 1,646(千六百四十六)평으로 내지의 약 20배에 달하고 있다. 두 번째는 조선의 인구는 내지와 비교하여 약 3분의 1에 해당하는데, 묘지 면적은 반대로 약 3배에 해당하고 있다. 세 번째는 인구 1인당 묘지 면적이 내지는 1평인데 비해 조선은 약 9평으로 내지의 9배

에 달하고 있는 것으로 볼 때, 조선의 묘지가 얼마나 광대한 면적을 차지하고 있는지 알 수 있다.

3. 묘지의 수 및 면적의 증가

인구의 증가에 따라 묘지 수 및 면적이 증가하는 것은 어쩔 수 없다 하여도 그것은 정도 문제이다. 앞에서 말한 것처럼 조선의 묘지는 어마어마한 면적을 차지하고 있는 데다가 해를 거듭 할수록 증가 추세를 보이고 있기 때문에, 장래 조선의 산과 들은 묘지로 넘쳐날 것이라는 말도 있으니 이것을 숫자로 검토해 볼 필요가 있다.

내지의 쇼와(昭和) 2년(1927)의 묘지의 수는 970,000(九十七萬) 정도로 면적은 62,656,825(六千二百六十五萬六千八百二十五)평, 쇼와(昭和) 11년(1936)에 묘지 수는 별로 증가하지 않았고 면적은 70,434,100(七千四十三萬四千百)평으로 9년간 7,777,275(七百七十七萬七千二百七十五)평, 1년 평균 864,141(八十六萬四千百四十一)평의 증가이지만 이것은 묘지신설의 제한 및 정리를 하였기 때문이다.

그런데도 조선의 공동묘지의 수는 쇼와(昭和) 6년(1931) 25,322(二萬五千三百二十二)개소, 쇼와(昭和) 12년(1937)

25,989(二萬五千九百八十九)개소로 11년간 667(六百六十七)개소, 1년 평균 60(六十)개소의 증가를 나타내고 있고, 면적은 쇼와(昭和) 3년(1928)에는 44,421,604(四千四百四十二萬千六百四)평, 쇼와(昭和) 12년(1937) 49,217,915(四千九百二十一萬七千九百十五)평으로 9년간 4,796,311(四百七十九萬六千三百十一)평, 1년 평균 532,923(五十三萬二千九百二十三)평의 증가를 나타냈다. 신고묘지의 수는 쇼와(昭和) 4년(1929)에는 80,118(八萬百十八)개소, 쇼와(昭和) 12년(1937) 94,120(九萬四千百二十)개소로 8년간 14,012(一萬四千十二)개소, 1년 평균 1,751(千七百五十一)개소의 증가를 나타내고, 면적은 쇼와(昭和) 4년(1929)에는 100,670,180(一億六十七萬百八十)평, 쇼와(昭和) 12년(1937)에는 146,683,798(一億四千六百六十八萬三千七百九十八)평으로 8년간 46,013,618(四千六百一萬三千六百十八)평, 1년 평균 5,751,702(五百七十五萬千七百二)평 증가를 나타냈다. 허가묘지의 수는 쇼와(昭和) 5년(1930)에는 5,486(五千四百八十六)개소, 쇼와(昭和) 12년(1937)에는 8,850(八千八百五十)개소로 7년간에 3,364(三千三百六十四)개소, 1년 평균 480(四百八十)개소 증가를 나타냈고, 면적은 쇼와(昭和) 5년(1930) 4,259,842(四百二十五萬九千八百四十二)평, 쇼와(昭和) 12년(1937) 15,549,106(千五百五十四萬九千百六)평으로, 7년간 1,289,264(百二十八萬九千二百六十四)평, 1년 평균 184,180(十八萬四千百八十)평의 증가를 나타내고 있다.

이상을 일괄해서 보면 1년의 묘지 수 증가는

2,291(二千二百九十一)개소, 면적 증가는 6,468,805(六百四十六萬八千八百五)평으로, 2,156(二千百五十六)정보는 1,376리(里)가 된다.

오늘날 각종 묘지 면적 증가의 합계를 백으로 하면 공동 8.0, 신고 87.6, 허가 4.4로, 증가 면적의 87.6%는 신고묘지의 증가인 것을 알 수 있다.

4. 묘지에 관한 범죄와 소송

묘지, 특히 사유묘지의 수가 매우 많고, 광대한 면적을 사용하고 있으며 그 위에 매년 놀랄 정도의 증가세를 보이고 있는 것은 위에서 서술한 대로이다. 조부모나 부모가 사망했을 때에는 묘지의 선택에 소란을 떨거나, 시신을 옆에 놓고 밤새워 의논을 하거나, 결국에는 풍수사에게 달려가서 묘지의 방위나 지상의 선정을 의뢰하거나, 또는 세도가들은 전국 각지로 사람을 보내 좋은 묘지를 찾기도 한다. 게다가 이것에 매우 심혈을 기울여 일반인은 생각지도 못할 막대한 돈을 사용하기도 하는 상황에 이르렀다. 또 토지도 돈도 없는 사람들은 타인의 설을 듣고 암매장하거나, 심하게는 타인의 묘를 파헤쳐 가족의 시신을 묻기도 한다. 따라서 조선의 묘지는 싸움이 끊이질 않는다고 할 정도로 매년 토지에 관한 범죄 및 고소가 극도에 달한다.

오늘날 이것을 예로 하여 쇼와(昭和) 12년(1937) 중에 묘지에 관한 범죄로 처벌한 수를 보면 징역 또는 금고 459건, 벌금 1,204건, 구류 12건, 과료 233건으로 합계 1,908건에 이르고, 처벌까지 가지 않은 것까지 포함하면 2,000건에 달할 것으로 추정된다.

또 묘지에 관한 고소 건수는 민사고소종류별 표에 있어서 메이지(明治) 44년(1911)부터 다이쇼(大正) 13년(1924)까지 묘지에 관한 수가 조사되어 있는데, 그것에 의하면 메이지(明治) 44년(1911) 884건, 다이쇼(大正) 원년(1912) 886건, 다이쇼(大正) 2년(1913) 894건, 다이쇼(大正) 3년(1914) 401건, 다이쇼(大正) 8년(1919) 61건, 다이쇼(大正) 13년(1924) 70건으로 구 묘지규칙 실시 당시에는 다수에 이르지만 이후 점차로 감소한 것으로 생각된다.

5. 묘지에 관한 풍수설

중국에서는 수천 년 전부터 갖가지 종류의 미신이 행해져 왔으므로, 지리적, 역사적 관계로 볼 때 자연스럽게 이들 미신이 조선에 들어온 것은 당연한 일이다. 특히 은(殷)의 멸망 당시 왕족이었던 기자(箕子)가 조선에 도망 와서 평양을 다스리게 된 이래, 중국의 풍속 습관이 차례대로 조선에 유입되어 문물제도는 전부 중국의 것을 따르게 되었다. 오백 년 전 조선 초에 풍수사 정도전이라고 하는 사람이 나타나 중국으로부터 전달된 풍수설을 넓혀 결국은 조선 전도를 풍미하기에 이르렀다. 내용으로는 묘지의 지세, 지형, 방위의 좋고 나쁨이 자신 또는 자손의 번영에 큰 관계가 있어 대체로 지세가 동방, 또는 남방의 경사진 구강(丘岡)에 넓은 전망이 있고, 주위에 강, 소택(沼澤)이 둘러싸고 있는 토지가 최상이다. 또 언덕의 기복이 연속하여 있는 곳을 위로하고, 그 형태를 용이나 호랑이를 본떠 용뇌, 용맥, 청룡, 백호배라고 이름 붙였다. 이러한 땅에 묘지를 만들면 용의 기가 통하여 자손의 번영을 가져오거나 하는 등의 여러 가지 조건이 부여되어 있다. 또 이러한 조건이 갖추어져 있지 않은 토지에 묘지를 만들면 자손의 멸망을 가져온다고 전해지니 무슨 말도 안 되는 설인 것 같지만, 이상의 지형은 대체로 건강지로서의 조건에 들어맞는다. 게다가 조선의 개조(開祖)가 수도를 경성으로 선택한 점으로 생각한다면, 그 당시 무지한 민중에게 건강한 생활지를 선택하게 하는 수단으로 이와 같은 설을 퍼트린 것이 후세에 와서 근본을 잊어버리고 묘지에만 남아 있는 것은 아닐까 하고 생각해 볼 수 없는 것은 아니다.

6. 묘지규제의 연혁과 개정

현행 규정은 메이지(明治) 45년(1912)년 6월에 공포되어 다이쇼(大正) 2년(1913) 9월부터 동년 12월까지 차례로 각 도(道)에 시행된 것이다. 그러나 본 법령은 당시의 풍속 습관과 맞지 않아 불평·불만이 많고 범죄와 소송이 끊이질 않아, 다이쇼(大正) 8년(1919) 9월에 현행 규정을 개정하게 된 것이다. 구 규칙 제1조에는 "묘지의 신설변경 또는 폐지는 경무부장[경성에 있어서는 경무총장]의 허가를 받아야 한다."라고 명시되어 있고, 제2조에는 "묘지는 부, 면, 리, 동 그 외의 지방공공단체, 또는 이것에 준하는 곳이 아니라면 신설할 수 없다. 다만 특별한 사정이 있을 때에는 단독, 또는 일족, 또는 합족의 묘지를 허가하는 경우가 있다."라고 되어 있어서 이것에 의하면 온전히 공동묘지 주의를 취하고 특별한 경우를 제외하고는 사유토지의 신설을 인정하지 않는 방침이었다. 그러나 이것이 앞에서도 말한 대로 다년의 인습적 관념에 맞지 않아 여러 가지 문제가 일어나 현행 규칙과 같이 일정한 조건 및 제한을 두어 사유묘지의 신설을 인정하는 것으로 개정되었다. 즉 바꿔 말하면 구 규칙은 이상으로써는 가능하였으나 실제로는 시행이 불가능했다고 말할 수 있다.

규칙 개정 직후 다이쇼(大正) 8년 10월에 「묘지규칙 개정에 관한 건」 이전 이름으로 통첩 된 훈령에 "묘지 화장장 매장 화장에 관해서는, 위생과 질서의 유지상, 이것을 단속하여 이행한다 할지라도 조선의 풍속 습관에는 맞지 않아 불평의 원인이 되어 무리의 반항이 있을 것이다. 그래서 메이지(明治) 45년(1912) 6

월 부령 제125호 묘지 화장장, 매장 및 화장 단속 규칙을 크게 개정하여 종래의 관습을 인정하여 각종의 제한을 용인하고 제반의 수록을 간편히 한다."라고 운운하는 것을 보아도 짐작할 수 있다.

새로이 논할 바는 없지만, 법령의 시행에 대해서는 시기와 방법에 신중을 기하지 않으면 안 된다. 특히 오랫동안 민중 깊이 침투된 풍속 습관을 교정하려고 하는 법령은 특히 그렇다. 취지가 아무리 좋다고 하여도 다년 민중 사이에 깊이 침투한 풍속 습관을 교정하는 법령은 특별히 주의를 기울여야 한다. 당연한 말이지만 가령 취지는 가능했을지 모르나 지나치게 이상에만 치중되고 현실의 사정을 고려하지 않는다면, 목적을 달성할 수 없음은 물론이고 오히려 각종 폐해가 속출함에 다다른다. 그렇다고 이것을 방임해 두기만 한다면 언제까지도 혁정하는 것은 불가능하므로 먼저 교육지도에 있어서 민중의 이해와 자각을 촉진하고, 다음으로 적당한 시기를 보아 법령을 내리고 그 외 적당한 방법을 행해야 한다.

규칙 개정의 요지는 가능한 공동묘지를 이용하자는 점에는 구 규칙과 다른 점이 없으나 사설묘지에 관해서 일정한 조건 및 제한을 붙여 인정하기로 하였다, 즉 제1조는 자신의 소유지에 조상 또는 배우자의 분묘를 하는 자는 일가에 1개소에 한해 3천 평 이하의 사유묘지를 설치하는 것을 인정하고, 제2조는 공동묘지 이외에 조상 또는 배우자의 분묘를 하는 경우는 도

지사의 허가를 받으면 사유묘지를 설치하는 것이 가능하게 되었다는 점이다. 이와 같은 규정을 두었으나 가능한 이것을 제한하고 될 수 있으면 공동묘지를 이용하게 하는 방침이었다는 것은 여러 가지의 상황을 보아 추측할 수 있다.

그러나 공동묘지를 사용하는 사람은 별로 증가하지 않고, 또 허가 묘지의 신설에는 상당히 엄격한 제한이 있지만, 신고묘지는 설치가 자유로워 이것을 설치하는 사람이 현저히 많았고 게다가 삼천 평이라고 하는 거의 무제한에 가까운 넓이를 인정하고 있었다. 이 때문에 앞에 설명한 것처럼 매우 광대한 면적을 차지하는 상황에 이르게 되었고 또한 엄청난 기세로 점점 증가하고 있다.

그렇기는 하지만 요 몇 해 사이에는 대중들 사이에서도 묘지에 관해 구래의 관념이 잘못되었다는 점이나, 이 때문에 일어나는 각종의 폐해나 묘지 면적의 예상도 어마어마한 넓이에 달하고 있다는 점 등, 여러 가지 사회적인 사정들 때문에 점차로 각성하고 있어 현행 제도의 개정을 요망하는 사람들이 점차 늘어나고 있다. 그러므로 이 기회에 묘지에 대한 바른 관념을 정착시킴과 동시에 현행규칙의 적절한 개정이 이루어져야 한다고 생각하는 바이다.

개정에 대한 의견을 기술해 보면 다음과 같다.

첫째, 공동묘지는 적당한 장소를 선택하여 또한 식

수 경내의 구획, 그 외 미화공작을 하고 이것을 이용할 방법을 구상할 것.

둘째, 제1조의 신고규정을 폐지하고 허가제로 할 것.

셋째, 2번의 신고규정을 존치한다면 면적을 제한할 것.

넷째, 허가묘지의 면적을 통일 제한할 것.

위에 기술한 의견에 대해서는 문제가 남지 않도록 특히 신중히 고려해야 할 것이다.

내선 공통되는 제사에 대하여

호시노 데루오키(星野輝興)

본 기사는 작년 호시노(星野) 장전(掌典)이 조선을 방문하였을 때 중추원에서 시도한 강연의 내용으로, 제사상 내선관계의 불이일체를 역설한 것이다.

- 편집자

저는 아직 미숙한 자이지만 오랫동안 궁내성에서 봉사하며, 잠시 제사 쪽에 관계하고 있었던 터에 다이쇼(大正) 8년(1919) 및 동 14년(1925)의 이태왕, 이왕 양 전하의 국상 때에 조선에 왔던 적도 있어, 무언가 조선과 내지의 제사에서 공통되는 부분이 있다면 강연을 해주기를 요청해 왔기에 오늘 이렇게 오게 되었습니다.

그렇기는 하여도 방금 말씀드렸던 것처럼 조선에는 두 번 방문하였으나 전부 국상 때로, 특히 우리는 허드렛일 담당으로 매우 바빴기에 뭐하나 연구할 시간도 없었습니다.

오늘도 지금부터 3시 기차로 김천에 가서 일이 끝난 후에 대구로 이동하고, 다음 날 13일에는 오후 4시에 대구에서 출발하여 7시에 부산에 도착, 그리고 11시의 연락선이 출항할 때까지 또 한차례 강연을 하기로 되어 있고, 15일 동경에 도착하면 바로 그날 아침부터 출근해야 하는 사정입니다. 더군다나 이것이 나의 일상이니, 아무튼 어디를 가더라도 그곳의 생활을 충분히 만끽하고 연구를 한다는 것 자체가 불가능합니다.

모든 일이 그렇지만 그중에서도 특히 제사(祭祀)라고 하는 것은 서적으로만 접해서는 만족할 수 없고, 이야기만 들어서는 도무지 전부를 이해하기에는 어려움이 있습니다.

　　따라서 앞서 말씀드린 것처럼 두 번 조선에 오기는 하였으나, 뭐하나 연구는 하지 못하고 있습니다. 그런 처지에 있는 제가 오늘 여러분 앞에서 이러쿵저러쿵 말씀을 드린다는 것은 매우 죄송스러울 뿐입니다. 그렇기는 하지만 어떤 일면에서는 전혀 지식이 없는 사람의 관점이 뜻밖에 참고되는 사항이 있는 일도 있으므로 오늘 이런 제멋대로인 생각으로 이 자리에 도전한 것입니다.

　　그럼 내지와 조선의 제사 중에 공통되는 것을 생각해 볼 때 가장 먼저 떠오른 것은 '애호(哀號)'라고 하는 단어입니다. 이 단어가 조선 특유의 것으로 생각하고 있었으나, 절대로 그렇지가 않습니다. 내지의 오래된 시대의 자료에서는 '애호'라고 하는 문자를 꽤 많이 찾아볼 수가 있습니다. 이런 부분을 종합적으로 보면, 이 단어는 결코 조선에서만 볼 수 있는 것이 아니라고 말할 수 있을 것입니다. 또 각종 의식에 있어서도 황실의 것은 물론이고, 그 외 일반의 것에서도 오래된 것일수록 조선의 것과 상당히 닮아 있습니다.

　　이런 점은 두말할 것도 없이 일본의 문화가 조선으로부터 전해져 왔다는 것을 입증하는 것입니다만, 의식에도 여러 가지가 있습니다. 그리고 의식도 내지에 전해지면서부터는 점점 원래의 양식을 탈피하고, 일본 특유의 신앙적 생활로 변화한 것도 꽤 있기 때문입니다. 조선의 의식은 삼천 년의 역사가 있다고 말하고 있습니다만, 이곳에서 현재 사용하고 있는 제구에 관해 예기(禮記)의 부도(附圖) 등을 살펴보면 분명하게 알 수 있습니다. 말하자면 사적으로든 공적으로든 과거는 전부 같았던 것들이 나중이 되어서 점점 나누어졌기 때문에, 오늘날에 와서는 예전의 것들을 조사하면 양자 간 공통되는 것이 많이 있음을 발견할 수가 있습니다.

다이쇼(大正) 8년(1919)의 이태왕 전하의 국장의식은 내지식(內地式)이었습니다만, 14년(1925)의 이왕 전하 때에는 순수 조선식으로 치러졌습니다. 저도 당시 의식의 관계자로 조선에 왔었습니다. 장례식은 오례의(五禮儀)에 따라 치러졌고, 제가 조선식의 장례식에 친밀하게 관계한 것은 처음이었습니다. 그러나 장례식을 자세히 보면 일본 황실에서 현재 행해지고 있는 장례의식과 방법은 다소 차이가 있으나, 의미, 명칭 등은 거의 같았습니다. 왜 그러한가 말씀드리면, 이것도 역시 이쪽의 문화가 일본에 전달되었기 때문이라고 생각됩니다만, 잘 생각해 보면 반드시 그렇지만은 않습니다. 첫 번째로 우리는 사람이 죽으면 슬퍼합니다. 죽음에 대하여 슬퍼한다고 하는 것은 도덕관념으로부터 생겨나는 것으로, 여러분도 잘 아실 것으로 생각합니다. 그렇지만 죽음이라는 것을 슬퍼하지 않는 사람도 있습니다. 이들이 어떤 사람들이냐 하면 종교생활을 하는 사람들이라고 말씀드릴 수 있습니다.

정말로 종교생활을 하는 사람들은 죽음이라고 하

는 것을 조금도 슬퍼하지 않습니다. 근처에 평소 매우 친하게 교제하고 있는 가톨릭 신자가 있습니다. 이들은 제가 매일 아침 냉수 목욕으로 신체를 깨끗이 하고 신에게 기도하고 있음을 알고 있어 저에게 "당신의 마음을 잘 알고 있다"고 항상 이야기하였습니다. 그 정도로 저와 그분들은 모든 것을 잘 이해하고 있는 관계입니다만 아무리 해도 두 사람 사이에 의견 일치를 볼 수 없는 한 부분이 바로 죽음에 대한 것입니다.

언젠가는 이 사람들이 매우 귀여워하던 아이가 죽음을 맞이하여, 저는 그들에게 "얼마나 애통하십니까."라고 조위를 표하였습니다. 하지만 그들은 "자신의 아이는 천국에서 평안하게 데리고 갔습니다."라고 말하였습니다. 이 의미는 천국에서 데리고 갔으므로 일단은 안심하였다고 말하고 있는 것으로, 뭐하나 슬퍼할 것은 없다고 하였습니다.

이런 반응에는 뭐라고 답변을 해야 할지 정말로 당황스러웠습니다. 이처럼 죽음이라고 하는 것에 대하여 슬퍼하지 않는 사람들도 있습니다. 이것은 단지 가톨릭 신자에게만 해당하는 것이 아니라, 불교 신자도 정말로 종교 본래의 깨달음의 경지에 들어간 신자 정도 되면 죽음이라고 하는 것에 대해 전혀 슬퍼하지 않습니다.

정토진종(淨土眞宗)에서는 아미타불이 오색구름을 타고 데리러 와 서방정토에 갈 수 있다고 말하고 있습니다. 이렇게

말하는 사람들에게 죽음을 슬퍼하라고 말하면 오히려 기분 나빠
합니다.

또 오늘날 유행하고 있는 '인간의 도(道)' 등도 그렇
습니다. '인간의 도'가 종교인가 아닌가에 대해서는 일단 놔두고,
이들도 죽음에 대해서 별로 슬퍼하지 않습니다.

저의 지인 중에 '인간의 도'의 신자가 있습니다. 그런
데 이 사람이 매우 고생을 시키던 부모가 돌아가셨습니다. 보통이
라면 이렇게 부모가 돌아가셨을 때 아무리 울고 울어도 슬픔이 가
시지 않는 것이 인정일 터인데 '인간의 도' 신자는 자정까지는 슬
픈 척을 하고 있었으나 12시가 지나자 손바닥을 뒤집듯이 신자 일
동이 다 함께 "축하합니다."라고 말하였습니다. 그렇게 유희를 즐
기는 것뿐만이 아니고, 결국에는 노래 부르고 춤추는 소동을 연
출하기도 하였습니다. 이것이 과연 '인간의 도'의 본 취지인지 아닌
지 저로서는 알 수가 없었지만, 아무튼 이러한 일이 있었습니다.

이상과 같이 종교에서는 죽음이라는 것을 슬퍼하지
않습니다만, 내지도 조선도 아니 황실도 왕가도 죽음이라는 것을
슬퍼합니다.

이렇게 양자 마찬가지로 본래의 생활은 인정과 자연
의 도덕에 기립하여 이루어지는 것이 이러한 결과를 가져온다고
알고 있습니다.

그렇다면 인간 본래의 생활, 마음가짐은 모두 같은

것으로 공통되는 것이 있다고 말하기보다는, 내선불이(內鮮不二)의 것이 있다는 것에 대해서 한층 더 생각을 진행해 보고자 합니다.

조선에서 종교라고 한다면, 일반사람들에게는 유교와 불교와 무당이 아닐까 생각합니다. 또 사실상 많은 학자도 조선의 종교는 이 정도 라고 말하고 있는 것 같습니다.

그렇기는 하지만 유교도 불교도 샤머니즘도 모두 외국으로부터 유입된 것으로 결국 외국의 종교에 지나지 않습니다.

그렇다면 조선에서는 어떤 종교든 유입되기 전에는 어떠한 것들이 있었을까? 이것이 제가 가장 알고 싶어 하는 부분입니다. 그래서 이러한 것들을 보기 위해서 하층사회에 몸을 던져본다면 어떤 의외의 것을 발견할 수 있지 않을까 하는 생각이 들어 국장에서 여기까지 오는 사이에도 일부러 밖을 돌아다녀 보았습니다. 다이쇼(大正) 8년(1919)의 이 시기에 밤중의 외출은 위험한 일이라고 다들 말하였지만, 그래도 꽤 많이 돌아다녀 보았습니다. 그렇기는 하지만 무엇을 하려고 해도 말이 통하지 않는지라 매우 유감스러웠습니다.

두 번째 14년(1925)에 방문하였을 때 돌아가는 길에 신라의 유적인 경주를 방문하여 의외의 것을 발견하였습니다.

경주에서는 불국사, 석굴암, 박물관 등을 보았는데 안내를 해준 박씨가 금관이라든가 금륜 등의 물건에 대해 일일이 친절하게 설명해 주었습니다. 하지만 사실 저는 이러한 물건들에 대해서는 별로 관심이 없었고, 중국이나 인도 등에서 종교가 전해 내려오기 이전의 무엇인가 조선 특유의 것이 반드시 있을 것으로 생각하여 열심히 발견하려고 진열품을 보았습니다. 그러다가 전혀 의외의 것을 발견하였습니다. 그것은 12월 3일 궁중에서 행해지는 '신상제(新嘗祭)'에 사용되었던 물건이었습니다. '신상제'라면 신곡(新穀)을 신에게 바치고, 또 폐하 자신도 이것을 드시는 것입니다. 제(祭)를 거행하시는 때에는 궁전의 중간에 오늘날에도 침좌를 마련하는데, 이때에 사용되는 베개를 판침(坂枕)이라고 합니다. 이것은 이불 폭 정도의 크기로 남양으로부터 온 유풍이라고 전해지는 것이 정설로 되어 있습니다. 우리가 이것을 믿지 않는다고 말하고 있는 것은 아닙니다만, 대략 남양에서 왔다는 정도로 믿고 있던 것을 경주에 가서 보니 무덤의 모형이 있고, 침대를 꽉 채우는 돌베개가 있었습니다. 지금까지 이와 같은 풍습은 남양뿐이라고 생각하고 있었고, 게다가 내지에서 사용되고 있는 판침의 유풍은 궁중 밖에서는 볼 수 없었던 것인데, 이렇게 조선의 오래된 무덤에서 발견되었다고 말할 수 있습니다.

그래서 저는 그것을 공들여 스케치하고 크기도 일일이 재서 그렸습니다. 옆에서 박씨는 무엇을 그리고 있나 하는 이상해 하는 얼굴로 보고 있었습니다. 그래서 실은 이러이러하다고 신상제의 이야기를 하니 잘 알겠다고 말하였습니다.

내지에서도 신상제 본래의 의미를 이해하고 있는 사

람은 적습니다. 그런데 박씨는 그 의미를 잘 알겠다고 말하고 있었습니다. 그것은 자신들이 항상 가는 장소의 천신(薦新)에 해당하는 것이라고 말하였습니다.

그래서 저는 판침에 대한 것을 전부 자세하게 이야기하였습니다. 이후 미야지 나오이치(宮地直一) 박사가 강연인가 무슨 일인가로 이쪽에 왔을 때의 일을 귀경해서 말하기를, 실은 이전에 조선에 갔을 때 경주에서 황당한 일을 겪었다고 말하였습니다. 어떤 일이었느냐고 묻자 경주 박물관의 박씨로부터 대상제 특히 판침의 설명을 들었다고 말하였습니다. 거기서 그런 일이 있었다면 제가 그전에 갔을 때 판침으로부터 시작하여 여러 가지 이야기를 했기 때문이라고 말하고 웃었던 일이 있었습니다.

그리고 또 하나는 대주(垈主)에 대해서입니다. 경성 부근에서는 업주(業主)라고 부르고 있는 것 같고, 또 어떤 지방에서는 기주(基主)라고도 하는 것 같습니다. 집의 수호신인 것 같습니다만, 경주에서 본 것에 의하면 벼를 옹기에 담아 장독대 부근 사람이 들어가지 않는 곳에 가을부터 그 다음 해 가을까지 놓아두는 것으로 일종의 신과 같이 취급하고 있었습니다. 이것에 대해 안내에서는 아마도 농사 개량에 관계하고 있는 것 같다고 말하고 있었습니다. 내지 곡신(穀神)의 신체(神體)도 쌀인 경우가 있다는 것으로부터 곡신이라고 할 수 있는 것뿐만이 아니고, 이 대주(垈主)의 대(垈)에 대해서 생각해 볼 필요가 있습니다. 대(垈)는 동악(東嶽)을 지칭하고 있는 것으로부터 곡신을 동(東)이라고 하는 것을 생각해 볼 때에 내지의 이것과 비슷한 제사를 생각해 보면 어려움 없이 생각해 낼 수가 있습니다. 그것은 대상제에 올리는 쌀을 만드는 논을 재전(齋田)이라고 합니다만, 이 재전도 동쪽 방향은 반드시 건물 등이 없이 비워놓았습니다. 그 외의 세 방향은 창고나 다른 건물을 세우지만, 동쪽은 반드시 비워둡니다. 이것은 동쪽으로부터 신이 나오신다고 하는, 천 년 전의 연희식(延喜式)의 방법을 지금까지도 그대로 하고 있는 것입니다. 동쪽에서 신이 나온다고 하는 것은 아주 이전부터 말해져 왔던 것으로 지금의 폐하는 상제를 행할 시 신궁의 방면을 향하여 제사를 거행하셨습니다만, 이전에는 모두 동쪽을 향하여 제사를 지냈습니다.

이렇게 풍습도 외래의 종교라고 말하기보다는 내선에서 자연스럽게 발달한 것, 내선 공통의 것이라고 말할 수 있습니다.

그리고 이것에 관계되는 것으로 음복(飮福)이라고 하는 것이 있습니다. 이것은 우리로 하여금 가장 경탄의 목소리를 내게 한 것입니다. 음복은 조신(祖神)의 영전에 올린 제물을 그 자손이 먹는 것을 말합니다.

중국에 준(餕)이라고 하는 것이 있는데 이 유풍인가라고도 생각하였습니다만, 그렇지가 않은 것 같습니다. 중국의 준(餕)이라고 하는 것은 그 뜻이 신앙에 있는 것이 아니고 그냥 물적(物的)으로 행하여지는 것입니다. 이것에 의해 굶주림을 이겨낸다고 하는 의미입니다.

그런데 내지나 조선의 것은 제물에 선조의 영혼이 담겨있으므로 이것을 먹는 것으로 자손이 선조의 보살핌을 받고 더더욱 훌륭하게 된다고 하는 신앙, 즉 영적(靈的)으로 행하는 부분이 중국의 그것과 다른 부분입니다.

그리고 제물을 내지에서는 초수(初穗)라고 합니다만, 조선에서는 천신(薦新)이라고 하는 것이 있습니다. 조선의 천신(薦新)의 내용에는 두 가지가 있어서 하나는 악마에게 이것을 주어 액운을 떨쳐내는 것이 그 하나이고, 다른 하나는 도덕적으로 해석하여 우리들의 선조에게 아름답고 새로운 것을 드시게 하는 의미로 바쳤습니다. 경주에서 보았던 것은 내지에서 속되게 말하는 무연불(無緣佛)을 대하는 것과 같은 것입니다만, 내지에서는 악마에 대한 액운을 떨쳐낸다고 하는 의미는 거의 없습니다. 이것 등은 하층의 노동사회에 들어가 조사해 보면 잘 알 수 있는 것입니다.

다음은 동제(洞祭)입니다. 내지의 제(祭)를 크게 나누어 보면 대개 '신사(神社)', '가제(家祭)', '종교적 제사(무당)'의 세 가지로 나눌 수 있다고 생각합니다.

우리는 보통 제사라고 하면 종교가 아닌 신앙행위라고 보고 있습니다. 그래서 신사에 상당하는 것이 조선에서 말하는 동제이고, 가제에 상당하는 것이 조신(祖神)이라고 생각합니다.

그리고 그 외에 무당이라고 하는 것이 있습니다. 이러한 것은 조선뿐만이 아니고 북방은 물론 내지에도 많이 존재합니다.

다이쇼(大正) 8년(1919)에 제가 이곳에 왔을 때에는 독립운동이 있었던 시기로 저녁때가 되면 외출은 위험하다고 들었습니다만, 하층사회의 실정을 조사해야 한다고 생각하여 일부러 밖에 돌아다녔습니다. 그래서 어느 저녁 변두리의 조선 연극을 보러 간 적이 있습니다. 무엇인가 우리와 공통되는 것이 있지는 않을까 하고 생각하였기 때문입니다.

그 결과 의외의 것을 발견하였습니다. 그것은 이 연극에서 본 춤입니다만, 흡사 내지의 북륙(北陸) 내지는 동북, 즉 동해연안 지방 리신제(里神祭)의 신락(神樂)과 소맷자락의 흔드는 정도, 몸의 춤사위, 악기의 취급 까지 거의 흡사하였습니다. 언어는 알 수 없었지만, 눈을 감고 소리죽여 듣고 있자니 완벽히 같았습니다. 이것도 무당이 바다를 건너 내지에 들어온 것으로 생각됩니다.

다음은 가제(家祭)입니다. 이것은 조상숭배로 내지에서도 왕성하게 행해지고 있습니다만, 저는 이것이 조상숭배에만 의미가 있다고 하는 것에 대해서는 반대입니다. 물론 조상숭배는 틀림없습니다만 그저 조상숭배뿐만은 아닙니다. 조상숭배 이외의 것이 또 하나 있습니다. 그것이 무엇인가 하면 그들 일체를 단결시켜 무한의 진전을 기대하는 부분의, 하나의 국민성의 신앙적 기풍의 발로라고 하는 부분입니다. 이렇게 피아일체(彼我一體)에 가장 가까운 것이 부모와 자식으로, 부모가 자식을 사랑하고 자식이 부모를 존경하고 따른다고 하는 관념이 조상숭배가 되는 것입니다.

그렇게 조상이라고 하는 것은 분가하는 것에 의해 새로운 조상이 또 생기는 것입니다만, 분가라고 하는 것은 대씨족(大氏族)에서 보면 국가로부터 공로(功勞)를 인정받은 자가 분가하는 것으로서 결국 조상은 공로자라고 말하는 것이 되는 것입니다. 또 사실 공로자가 아니라면 옛날에는 분가하는 것이 불가능했습니다. 이렇게 생각해 보면 국가에 공적이 있는 사람은 조상이고, 조상은 모두 국가에 대해 공로자였다고 말하는 것이 되는 것입니다. 그러므로 우리가 공로자였던 조상처럼 되려고 하는, 즉 피아일체를 명심하는 마음과 조상을 숭배한다는 두 개의 사상이 가제(家祭)이고 조상입니다. 그렇게 개인으로 보면 조상숭배이고, 공적으로 본다면 피아일체에 의해 국운의 진전을 기약한다는 매우 깊은 관계가 존재하는 것입니다.

다음으로 신사에 대한 것입니다. 신사에는 우지코(氏子)라고 하는 것이 있는데, 이 우지코라고 하는 것은 전부 신도가(神道家)가 아니면 안 된다고 말하지만 그렇지 않습니다. 선종(禪宗)이 있다면 정토종(淨土宗)도 있고, 일연종(日蓮宗)이 있다면 법상종(法相宗)도 있습니다. 또 오늘날에는 크리스천 등도 있습니다. 이런 점으로 본다면 신사라고 하는 것은 종교의 소위 배타적 신앙과는 전혀 다릅니다.

그렇다면 신사에 참배한다고 하는 것이 어떠한 의미가 있는가를 말씀드리면, 이것은 가제보다는 한 단 높은 지위, 즉 씨족을 초월한 곳에서 피아일체를 도모하는 것이 최종의 목적입니다. 여러 가지 다른 혈통, 직종, 사상, 종교 등을 가진 사람들이 신사로 인하여 모두 하나로 결속되는 것입니다.

그렇게 조상과 같이 국가의 공로자가 되려고 하는 것입니다. 그래서 신사도 피아일체를 도모함과 동시에 조상숭배라고 말하는 것도 되겠지만, 이것이 단순한 조상숭배라고는 말할 수 없습니다.

조선에서도 동제(洞祭)는 각처에 있습니다. 어떤 마을에도 있습니다. 이것은 내지의 신사에 상당하는 것으로 마을 내의 각기 다른 신앙을 가지고 있던 사람들이 동제에는 마음을 하나로 하여 전 마을 적으로 행하는 것입니다. 이것도 내선공통의 관념과 같이 생각되기 때문에, 동제가 조금씩 진전한다면 내지의 신사와 같은 것이 생겨나지 않을까 생각합니다.

시골의 사정은 잘 모르겠지만, 이 동제라고 하는 것이 내지의 소위 '진수(鎭守)의 숲(森)'이라고 하는 것과 같은 것으로, 몇 천 년 전의 옛날로 거슬러 올라가면 같은 장소에서 나온 것이 아닐까요?

다음으로 내지와 조선에서는 신과 부처님에게 올리는 공양을 높게 쌓는 습관이 있습니다. 현재 내지의 일반에서는 상당히 적어졌습니다만, 우리가 일을 하는 궁중에서는 지금도 행해지고 있습니다.

저는 무슨 의미로 높게 쌓는지에 대해서 알 수 없었습니다만, 다이쇼(大正) 14년(1925) 국장에 참가하였을 때 처음으로 의미를 알았습니다. 그 당시 저는 금곡리(金谷里)의 재실에 묵고 있었습니다. 다음 날 아침밥으로 저에게는 도시락을 주셨는데 함께 왔던 이 차관[당시 예식과장]에게는 조선식의 요리가 나왔습니다.

그런데 이 차관은 아주 조금 먹을 뿐 바로 다음 방으로 음식을 물렸습니다. 왜 서둘러 다음 방으로 물렸는가에 대해서는 알 수 없었습니다만, 하나의 식기에 담은 것을 위부터 순서대로 먹어서 아래로 간다고 했기 때문에 윗사람이 8시 정도에 먹기 시작하여도 아랫사람에게까지 가는 시간은 10시도 11시도 된다고 합니다. 그래서 윗사람이 빨리 먹지 않으면 아랫사람은 12시가 되어도 아침밥을 먹지 못하게 되는 것입니다.

더욱이 이 이야기와 관련해서는 규슈(九州)의 우좌신사(宇佐神社)에 참배하였을 때에 이토우즈(到津)남작이 저를 놀라게 한 경우가 있었습니다. 그것은 우좌신사에는 석 되의 밥을 올리는 제기가 있다는 사실을 알게 된 것입니다. 이것은 어떤 의미일까요. 아무리 신이라고 하더라도 한 번에 석 되는 너무 많지

않은지. 저도 이때에는 과연 어떤 의미로 이처럼 커다란 것이 있
는지 알 수가 없었습니다만, 여기에 와서 처음으로 그 의미가 이
해되었습니다.

즉 이 그릇이 일종의 반궤(飯櫃)이고 이것을 윗사람
부터 먹어서 점점 아랫사람에게 돌리는 것입니다. 이것을 위하여
이처럼 커다란 그릇이 있다는 것을 알았습니다.

또 하나는 이것도 국장에 와서 처음으로 알게 된 것
입니다만, 신주(神主)가 제전(祭典)을 행하는 때에 서고 앉고를 몇
번이나 하는데, 그것은 무엇을 위하여 있는가 하는 것입니다.

서 있는 사람이 앉는 것은 예의에 맞는 것이지만 일
단 앉은 사람이 다시 일어나 인사를 하는 것은 어떻게 생각을 해
보아도 의미를 알 수가 없습니다. 어떤 사람은 섰다가 앉았다가
하면 몸이 고단하므로 이것이 예가 된다고 말합니다만, 저에게는
도저히 이해가 가지 않습니다.

자신의 머리를 숙이는 것에 예가 있기 때문에 가령
일시적이라도 앉았다가 일어난다는 것은 머리를 높게 하는 것으
로, 어떻게 생각해 보아도 예에 들어맞지 않는다고 생각되었습니
다. 그런데 이것도 이곳의 국장 때에 처음으로 알게 되었습니다.
국장에서 전하는 위의 단에 분향하시고 절은 아주 밑으로 내려
오셔서 하시는 것이었습니다. 절이라고 하는 것은 전상(殿上)에서
하는 것이 아니고 전(殿)에서 내려와서 하는 것, 따라서 뜰 위에

서 있습니다. 이 서 있는 몸이 엎드려 경의를 표하기 때문에 절에 따라 일어나는 것은 뜰 위에 서 있는 모양이고, 앉는 것은 서 있던 몸이 부복하는 모양을 하는 의미였던 것입니다.

오래된 의식을 살펴보면 이처럼 양자 공통의 것은 이외에도 여러 가지 것이 많이 나올 것으로 생각합니다.

공통되는 많은 부분이 중국으로부터 조선으로, 조선으로부터 내지로 왔다고 생각됩니다만, 반드시 이런 관계만은 아니라고 말할 수 있습니다.

그것은 벌써 설명하였지만 판침(坂枕)이나 음복, 동제 등은 매우 분명한 것이지만, 또 한 가지 예를 들어 말씀드리면 중국에서는 신이나 부처님에게 공물을 올릴 때에 맛있는 음식을 많이 올려서는 안 된다는 것을 예기(禮記)에서 가르치고 있습니다. 왜 맛있는 음식을 많이 올려서는 안 되는가 하면, 이것은 신을 인간과 같이 취급해서는 안 된다고 말하고 있는 것입니다. 그렇다면 중국으로부터 문화를 받은 조선도 내지도 이처럼 하고 있는가 하면 그렇지 않습니다. 내지에서도 조선에서도 맛있는 음식을 가능한 많이 올리려고 하고 있습니다. 이 점이 상당히 중국과 다릅니다. 게다가 조선에서는 내지보다도 더욱 많이 올리려고 합니다. 만일 그럴 수만 있다면 조금 도를 넘어 설 정도로 맛있는 음식을 많이 올리려고 합니다. 이러한 점 등은 반드시 문화의 전래로 생기는 공통점이라고는 말할 수 없습니다.

내지도 조선도 신을 인간적으로 봐 오고 있는 증거
로 제사라고 하는 것은 도덕에 따른다는 공통관념으로부터의 것
입니다.

그렇게 제사라고 하는 것을 잘 생각해 보면 음식을
높이 쌓는 것과 음복과 같은 것은 실로 인간의 바른 생활이 나타
나는 경제의 원리이고, 동제와 같은 것은 지상 생활의 최고이상,
현재의 제일의(第一義)인 신사에 매우 가까운 것임을 생각하면 제
사는 쉬운 것이 아닙니다. 따라서 사람에 따라 때에 따라서는 제
사를 하나의 의례로만 취급하여 한가한 사람이나 하는 것으로
생각하는 사람들도 있습니다. 그러나 현재와 같은 소위 국가비상
시에 처하여서는 특히 이 제사라고 하는 것을 활약하게 해서 크
게 지상의 완성을 도모해야 한다고 생각합니다.

그렇기는 하지만 내지도 일반에는 아직 제사가 확
실히 알려지지 않았지만, 점점 알려져서 우리의 실제생활과 제
사의 관계가 점차 고려 될 것으로 생각됩니다. 그러므로 더욱 제
사의 의의를 널리 알리고, 지켜야 한다는 것에 관해서는 우리가
조금씩 계획을 세우고 있습니다. 그렇지만 제사는 단순히 종교
적 기분만으로 행하는 것이 아닙니다. 물론 종교도 필요한 것입
니다만, 위에서 서술한 것처럼 일본도 조선도 원래 제사국(祭祀
國)이기 때문에, 제사라고 하는 것이 있고 처음으로 우리도 생
활해 가는 것이 가능한 것으로 제사가 모든 것의 근거가 되어야

만 합니다.

이것에 관해서는 금상 전하의 신을 숭배하는 마음에 경의를 표하고 싶습니다. 지금의 폐하가 황태자로 계셨을 때에 구미 각국을 순유하셨기 때문에, 그중에는 새로운 생활에 몰두하시는 건 아닌지 걱정하는 자들도 있었습니다. 그러나 항상 근처에서 시중을 드는 이들이 본 바로는 경신(敬神)의 마음이 크심과 조상을 깊이 공경하심은 실로 대단한 것으로, 어느 해 눈이 내리는 추운 겨울날에 기도를 드릴 때에 지으신 시에 '내리는 눈에 마음을 가다듬어 평화로운 세상을 위해 비는 마음 신의 어전에서(降る雪に心清めて安らけき世をこそ祈れ神の廣前)' 이러함을 기도드리고 있을 때에 한층 더 느껴졌습니다.

또 어느 해에 있었던 일입니다. 성상 폐하의 기분이 별로 좋지 아니했을 적에, 추운 밤 친제(親祭)를 지내야만 했습니다. 측근의 신하들이 옥체에 무리가 갈까 염려되어 그만두심이 어떨까 하고 말씀 올렸으나 그대로 수행하셨습니다. 왜 그렇게까지 해서 수행하셨는가, 우리도 그 의미는 알 수 없었습니다만, 다음 해의 신년의 시를 짓는 모임에서 '천지의 신에게 비오나니 아침녘의 바다와 같이 고요한 세상을(天地の神にぞ祈る朝凪海の如くに波たたぬ世を)'이라는 시를 듣는 것으로 황송하게도 그 의미를 알았습니다.

즉 조상의 신들에게 오로지 한마음으로 국가의 평

화, 국민의 안복을 기원하시는 마음을 알 수 있었고, 또 황위 계승 때의 말씀을 살펴보아도 "사해동포(四海同胞)의 의를 두텁게 하지 않는 것은 짐의 마음을 가장 슬프게 하는 것이다."라고 말씀하시며 궁정 즉 황조(皇祖)에 올리는 고문(告文)에는 세상의 모든 형제가 사이 좋고 친밀하기를 기원하시고 있었습니다. 그리고 이러한 생각은 우리나라가 태초에 '이자나미, 이자나기(伊奘諸 伊奘册尊)'가 불완전한 지상을 완성하신 과거의 신들의 마음을 받들어 일체적 무한의 진전을 의미하는 '창생'의 성업을 시작하여 황조(皇祖)가 일대를 비추었습니다. 그리하여 모두를 살리시어 저마다의 개성을 나타내기 시작하니, 그것으로 세계의 영원한 평화와 문화의 무한 진전을 도모하시겠다는 마음에서 기인하여 나오신 것으로 생각됩니다.

이상과 같이 제사라고 하는 것은 중대한 일이고 더불어 내선 양자 간에 상당히 공통점도 있기 때문에, 양자 서로 제휴하여 더욱 제사를 지킴과 동시에 피아일체를 도모하여 무한의 국운 진전에 공헌하기를 희망합니다.

조선에 대하여 어떠한 지식도 가지고 있지 않은 제가 이와 같은 말씀을 드리게 된 것에 관하여 지금도 부끄럽게 생각합니다. 다만 지금 세계 어디에도 없는 공통점이 조선에 있다고 하는 것을 말씀드린 것으로 특별히 참고가 될 만한 정도는 아닙니다. 그렇지만 앞으로도 우리들의 생활을 이것에 의하여 인도하고 나아가야 할 곳으로 나아가야 한다고 생각합니다. 현재는 내지에서도 제사라는 것은 별로 알려지지 않고 있습니다만, 오늘날 이와 같은 경향이 되어가고 있습니다. 여러분도 제발 피아일체라고 하는 것을 목적으로 하여 빛나는 전도에 무한의 진전을 기약할 수 있도록 힘을 다해 주시기 바랍니다.

지금까지 두서없는 이야기였습니다만 긴 시간 청취해 주신 점 감사드립니다.

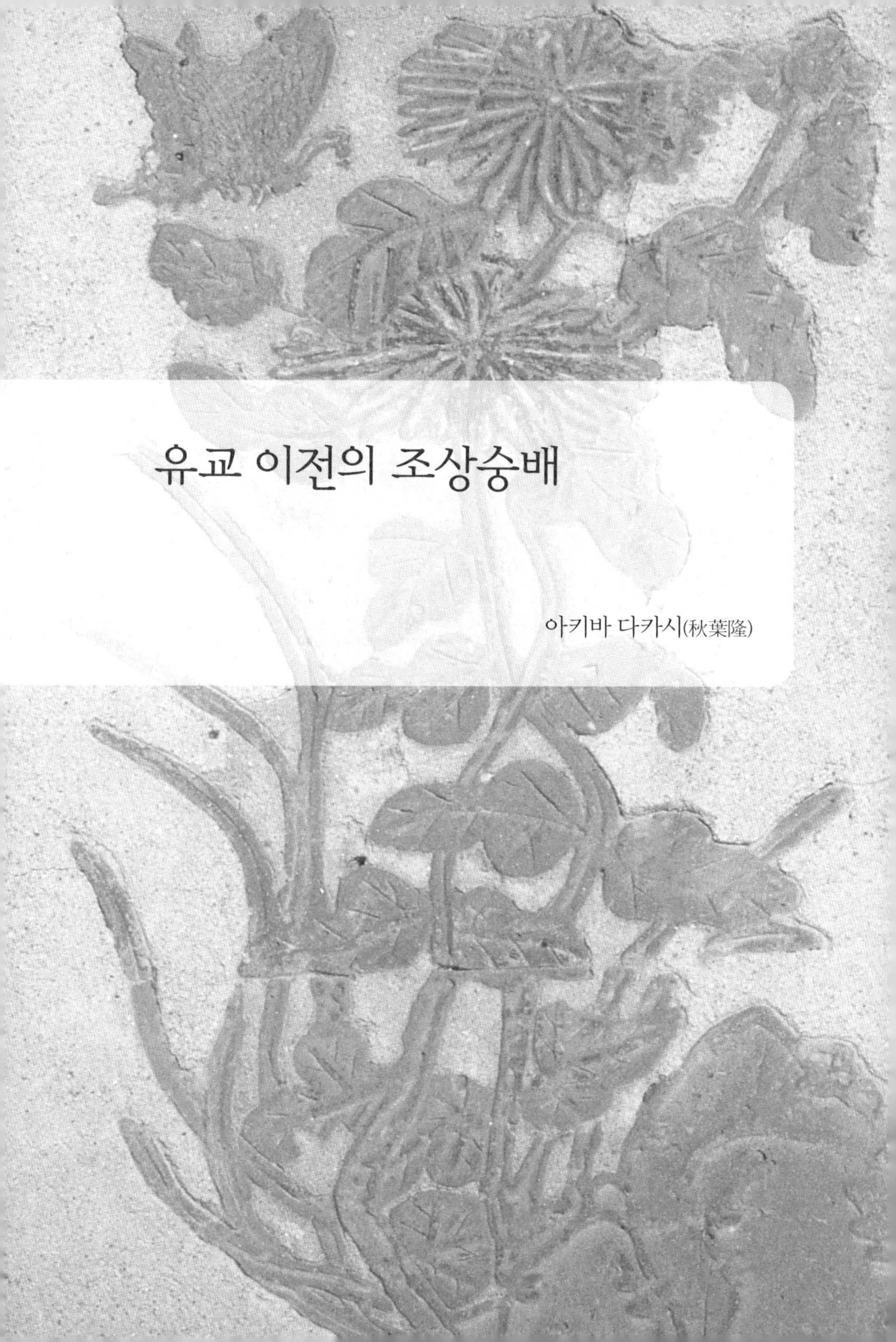

유교 이전의 조상숭배

아키바 다카시(秋葉隆)

조선에서 중국풍의 성(姓)이 채용되고, 유교에 의한 제사를 하게 되면서부터 꽤 긴 세월이 지났음에도 시골의 구가(舊家) 등에서는 지금도 오래된 조상숭배법이 남아있는 곳이 있다. 예를 들면 함흥 명문가 권씨의 집에서는 중국풍 가묘를 설치하고 4대조까지 신위를 봉안한다.

통상의 양반집에서 보는 신당도 마찬가지이지만, 그곳의 가묘에는 '금성'이라고 하는 별도의 신이 모셔져 있는데 신체도 통상의 신위가 아니고 버들고리짝에 삼베, 명주, 동전 등을 넣어둔 것이다. 그것은 조상 중에 관직을 가진 자의 영(靈)이며 양반의 신이라고 전해져, 자손의 번창, 부귀영달을 관장하는 선신(善神)이다. 이에 대한 행사도 재난을 면하려고 하는 소극적인 것이 아니고, 적극 복을 기원하기 위하여 7월 7일을 제일(祭日)로 하고 있다.

즉 매년 이날 버들고리짝 안에 돈 한 냥씩을 번갈아가며 넣어 복덕을 기원하는 것이다. 그런데 집에는 가묘와는 별도의 장소에 여러 조상이 숭배되고 있어, 고방(庫房)의 도마(土間)에 선반을 설치, 그곳에 이른바 조상고리짝이라고 하는 것을 안치해 두었다. 그 하나는 '우묵이(ウムキ)' 또는 '우묵(ウムク) 조상'이라고 칭하고, 이것도 고리짝에 나삼(羅衫)·홍대(紅帶) 등의 옛날 예복과 마포(麻布) 및 돈(錢)을 넣어 두었다. 그러나 이 예복은 조상이 생전 착용했던 것이었는지, 고리짝을 설치할 때에 새로 만든 것인지 분명하지 않다.

'우묵'은 물론 '우독'이 잘못 전해진 것으로 정상, 두목(頭目)의 의미로, 아마도 시조(始祖)를 일컫는 말일 것이다. 7월 7일이 제일(祭日)로 마포(麻布) 한 필을 고리짝에 넣어서 모신다. 더욱이 5년째에 행하는 조상제 때에는 지난 5년간 올린 마포 다섯 필을 꺼내, 나중의 한 필만 남겨 놓는다. 그리고 꺼낸 마포의 반은 조상제의 주무(主巫)에게 주고, 남은 반은 친척 집에 나누어 주게 되어 있다. 만약 이것을 다른 성씨의 사람에게 주게 되면 일가의 복이 다른 곳으로 옮겨 간다고 전해지고 있어 타인에게는 절대 주지 않았다.

그래서 사람들은 성스러운 마포로 옷을 만들어 입으면 말대로 복을 입고 있다고 믿었다. 더욱이 예제(例祭) 외에 생각지도 못한 불행 등이 있는 경우도 무녀의 지도에 따라 고리짝에 색포나 돈 등을 넣어 제사 지낸다.

그 다음에 앞서 기술한 남조상(男祖上)있다면, 중대조모[중대할머니]라고 하는 여조상(女祖上)이 있는데, 고리짝의 안에는 삼베로 만든 가사(袈裟)와 승모(僧帽) 및 마포(麻布)를 넣었다. 이는 가족의 안녕을 관장하는 조상신이라고 생각된다.

이것도 7월 7일이 제일(祭日)로 마포 한 척 반을 넣어 제사 지내기 때문에 공물의 양으로 보면 '우묵'보다는 훨씬 가볍게 취급되고 있다는 것을 알 수 있다.

그리고 집안에 결혼이 있는 경우, 집에 병자가 있을

때에는 색포를 넣어 기원하고, 새로운 옷감을 샀을 때에는 그것을 조금씩 잘라 넣어 공양하였다. 행사는 주부가 항상 부탁하는 무녀 또는 경력이 많은 노파에게 부탁해서 진행하였고, 제물로 백미 한 대접, 정수 한 그릇, 과일 등을 바치고, 행사가 끝난 후에 그 쌀로 밥을 지어 먹고, 정수를 조금씩 나눠 먹고, 나머지는 노적(露積) 또는 정소(淨所)에 버린다.

더욱이 이 고방(庫房)에는 '단지[(甕) 간지동이]'라고 칭하는 물건이 몇 개나 있어서 가내에 종기(瘇物), 복통 등의 병자가 있을 때에 기원한다.

'단지' 안에는 벼, 조, 삼베, 색포 등이 들어 있어, 예제(例祭)로서는 7월 7일과 정월의 지신제(地神祭)의 날에 떡, 백미, 백목면(白木綿), 백지 등을 올려서 제사 지낸다.

'단지'는 일반에는 복을 가져오는 선신이라고 하기보다는 무서운 악귀로 생각되어 횡사(橫死)한 남녀의 신이 많았고, 종기 외의 악병 때문에 죽는 경우 이외에 비복인척(婢僕姻戚) 등의 횡사한 것 등도 있다.

즉, 권세가에서는 조상에 해당하는 '조상(祖上)단지'를 제사 지냄과 동시에 권세가와 관계가 깊은 비복-거의 가족으로 생각된 옛날 노비-의 '단지'도 있고, 인척에 해당하는 이씨 조상의 횡사한 원귀를 제사 지낸 '이문(李門)단지'라고 하는 것도 있다. 덧붙여 말하면 무가(巫家)에는 이른바 '무당단지'를 제사 지내고 무

(巫)의 사령(死靈)은 전부 '단지'라고 하는 점으로부터 생각해도 '단지'가 얼마나 무서운 악신이라고 생각되었는가를 알 수 있다.

이처럼 권세가의 고방에는 가묘의 신위와는 전혀 취지를 다르게 하는 조상의 고리짝이 봉안되어 있음과 동시에, 일가와 관계가 깊은 원귀까지도 제사 지내고 있다. 그러나 이와 같은 선령이 깃든 고리짝을 제사 지내는 것을 '우님빈다(上樣に祈る)'라고 칭하고, '우님'은 물론 '우묵이'이긴 하지만, 선조를 조상(祖上)이라고 하는 것은 그 '윗님(上樣)'으로부터 온 표현인 것 같다. 그것은 정확히 상대(上代) 일본의 '우지노카미(氏の上)'가 씨신(氏神)의 주제자(主祭者)이기도 하고, 또 씨신(氏神)이기도 한 것과 같은 것으로 '우묵이'는 즉 '우지노카미(氏の上)' 이외에는 없다고 생각한다.

그런데 더욱 재미있는 것은, 조상고리짝과 함께 또 하나의 주의해야 하는 고리짝이 있다. 앞에서 설명한 중대조모(中代祖母)의 조상고리짝과 비슷한 것으로 버들고리짝 안에 마(麻)의 장삼(長衫)과 승모 및 마대를 넣고, 색포와 돈도 넣고 있다. 이름 붙이자면 '부리성인(ブリソングイン)'이라고 하고 남신이다. 성인은 승님(僧樣)의 사투리인 것 같고, 불교의 색채가 강하다는 것은 고리짝 안에 들어있는 신의(神依)로도 생각해 볼 수 있다. 이 지방의 민간설화 중에도 황금산이만불(黃金山二萬佛)이라고 하는 스님이 인간 공양을 위해 이 세상에 나타나, 왕녀와 결혼하여 세 명의 남자

아이를 낳았는데 그중 한 명이 이 '부리신'이라고 전해지고 있다.

그중에 이 신의 제사를 '제석제(帝釋祭)'라고 말하는 것까지가 불교적이지만, 예제(例祭)는 정월의 지신제 때에 함께 한다.

지신제 즉, 기지(基地)의 신의 제사는 춘하추동 사계에 하는데 춘정월의 지신제 때에만 이 제석제를 한다. 그리고 5년마다 있는 조상제 때에도 제석제를 하므로 이 경우에는 정월의 제석제는 하지 않는다. 결국, 매년 일 회 상당의 큰 제석제가 있는 것이 되지만, 이 외의 임시행사로서는 혼인의 납채(納采) 때에 부리신의 고리짝에 색포를 넣는다든가, 불임에는 '삼다리(麻橋)'라고 하는 마포의 작은 조각 또는 쇠로 된 작은 도끼 세 개를 넣어 자식을 기원한다고 하는 것도 있고, 정기적인 소제(小祭)로서도 칠석 및 말복에 마포를 넣어 공양하는 행사가 있다.

정월의 제석제에는 무녀를 초대해서 하는 것이 일반적이지만, 가족 또는 친족의 노녀를 중심으로 하는 때도 있다. 공물은 시루떡, 화병(花餠) 등의 떡을 주로 한다. 자세하게 설명하면 고방의 선반에서 주방으로 옮겨진 고리짝 앞에 반상 세 개를 놓고 중앙의 반상에 시루떡을 올리고, 중앙에 화병[표면에 쌀가루를 묻힌 동그란 떡]을 세 개 포개놓고, 버드나무의 동지(東枝)를 잘라 세워, 가지에 마포 일척삼촌(一尺三寸), 종이 승모 세 개, 종이부채 세 개를 엮고, 옆에 옥수수의 볏짚을 세우고 승모를 올린다. 다음에 양측의 반상에 각각 삼개일중(三個一重)으로 이십삼 중씩 화병을 쌓아 놓고, 위에 조선지(朝鮮紙)를 깔고 백미 삼합 삼 작을 올린다.

그 후 주부가 승모를 쓰고 장삼을 입고 공물의 앞에 나아가 고리짝에 대해 삼배를 올린다. 다음으로 무녀 또는 노파가 합장하고, 양푼을 두드리면서 다음과 같은 축원사를 읊는다.

> 황금산이만불님이 받아주실 수 있도록 공물을 올립니다. 일만 천 가호 중 기원하는 자는 함흥 하서리 권씨 가내 삼십 세의 아무개가 자식을 낳지 못하여 공양을 올리오니 제발 헛되게 받지 마시고, 받으신 공에 보답이 되도록, 올리는 성의에 보답이 되도록 기원 합니다. 자식을 내려 주신다면 수명과 복도 함께 내려주십시오. 수명만으로는 살아갈 수 없습니다. 복만으로도 살아갈 수 없습니다. 오만가지 목숨과 오만가지 복을 모두 내려 주시도록 비옵니다.

이와 같은 축문을 가족들 한 사람 한 사람에 대하여 읊으면서 기원한다. 기원을 올리는 목적은 제일 먼저 자녀의 출생과 영달, 가족의 안녕 그리고 금전재물의 풍부, 병재(病災), 주화(酒禍), 구설(口舌)의 재난을 막는 것 등이 있다. 죽은 자를 본 사람, 상문(喪門)에 출입한 자, 월경 중인 여자, 육식을 한 자는 제사에 참가하는 것이 불가능하므로 제일(祭日) 사흘 전 부터 가족은 전혀 육식하지 않는다. 또 제사가 끝날 때까지는 부부의 동침도 금지된다. 제사의 참가자는 주로 여자로 가족의 남자들은 구경하는 것은 가능하지만, 행사에 간섭하는 일은 없었다. 친족 및 가까운 집의 여자들도 참가해서 구경하고 제사가 끝나면 공물의 반은 무녀 또는 주제(主祭)의 노파에게 주고 남은 반은 가족친족 등이 나누어 먹었다. 평상시에도 '부리신'의 고리짝은 신성한 것으로 취급되어, 손가락질하는 것조차 금지되어 있었다. 그러므로 평소 고리짝을 여는 일은 절대로 없다. 쓸데없이 열면 신이 놀라기 때문에 가족에게 벌이 내려진다고 전해지고, 적당한 때에 행사를 하면 복이 온다고 생각돼 여자들은 '부리신'의 제사를 지내는 것으로 마음의 평안을 얻고 신념이 성취된다고 확신하고 있다. 그래서 가내에 이 신의 행리를 설치하는 것도 대부분은 기원하면 집이 번성한다고 하는 무녀의 말에 의해 한다든가, 또는 자녀의 출생을 목적으로, 또는 집안의 중병자가 있을 때에 기원하는 것으로부터 시작된다고 말해져, 이 지방의 대부분 집에서는 기원하고 있고, 어차피 일가의 조상신이 아니라고 생각되고 있다.

또 전설, 신의, 제명, 공물, 제인의 의상, 축원의 문구 등으로부터 생각해 봐도 불교적 색채가 농후하고, 조령(祖靈)과는 별개의 것으로 생각된다. 그럼에도 사람들은 옛날부터 대대로 전해져 온 신, 가묘를 설치하기 이전부터 있었던 신으로 생각하고 있어, 고리짝의 형태, 신당, 행사 등이 거의 조상고리짝의 경우와 같은 것으로부터 생각해 보면, 이것은 아무래도 '우묵이'와 같은 오래된 조선숭배와 결합한 불교의 명잔(名殘)과 같이 생각된다. 경성지방의 무녀의 신가(神歌) 중에도 '부리카만·부리불사(佛師)'라고 하는 신명(神名)이 있어[拙著朝鮮巫俗の硏究, 상권 64, 73, 77, 119, 160항 참조] 여기에도 역시 불교적인 명칭이 부여되고 있다.

그러나 명칭의 불교적인 부분은 불사(ブルサ)와 성인(ソンイン)이라고 하는 부리(ブリ)의 아래에 붙인 단어이고, 부리(ブリ) 자체는 무가 중에 '부리(ブリ)도 끝이 없다'든가, '선후대의 부리(ブリ)'라든가, '그대의 부리(ブリ)에 성을 주고 본을 준다'고 하는 문구가 있는 것을 보면[前揭書, 상권 64, 73, 774항 참조], 일가 일문의 계통을 말하는 것 같고 신라의 육부의 이름에 보이는 양(梁)의 오래된 형태, 훼[(喙) 부리], 삼한시대의 읍을 의미하는 화[(火) 불-伐, 弗]로부터 온 말일 것이다.

거기에 부리(ブリ)의 신, 즉 가계의 신, 본질-본향의 신은 본래 일가발상의 시조이고, 권가로 말한다면 씨(氏)의 상에 해당하는 '우묵이'가 아마도 그러한 것이 아니었을까. 불교가 성행했던 고려조에는 이것에 기자(祈子)의 대상이던 제석(帝釋)의 신앙이 습합(習合)하여, 또는 '우묵이'와 함께 자손번영 즉, 가계수호의 신으로서 제석이 제사 지내지게 된 것으로 생각한다.

따라서 전승이 가리키고 있는 대로 중국풍의 가묘가 설치되고 중국풍의 제사를 하게 되기 이전의 것으로 생각해도 좋은 이유이다. 이는 조선의 선조숭배가 유교적으로 통제되기 이전에 내지와 비슷한 불교와의 결합이 이루어지고 있었고, 더욱 거슬러 올라가면 상대 일본의 씨신(氏神)의 신앙과 통하는 것이 있었다는 것을 시사하고 있지만, 지금으로서는 자료가 부족하여 정확한 것을 말할 수는 없다.

* 원문 자료는 세로로 읽어야 하므로 237쪽부터 오른쪽에서 왼쪽으로 보십시오.

師などといふ神名があつて（拙著朝鮮巫俗の研究、上卷六四・七三・七七・二一九・一六〇頁參照）こゝでもやは

り佛敎的な名稱が與へられてゐる。

しかし名稱の佛敎的な部分はプルサとかソングインとかいふプリの下につけた語であつて、プリそのものは

巫歌の中に「プリも窮り無く」とか「先後代のプリ」とか「汝のプリに姓を與へ本を與へ」とかいふ文句があ

るところを見ると、（前揭書、上卷六四・七三・七七四頁參照）それは一家一門の系統のことらしく、新羅の六

部の名に見える梁の古い形、喙（プリ）、三韓時代の邑を意味した火（伐、弗）から來た語であらう。そこでプリの神、

即ち家系の神、本卽―本郷の神は本來一家發祥の始祖であり、權家で云へば氏の上たるツムキが恐らくさうであ

つたのであらうが、佛敎の盛な高麗朝あたりでこれに祈子の對象であつた帝釋の信仰が習合し、又はウムキと

相並んで子孫繁昌卽ち家系守護の神として帝釋が祀られるやうになつたものと思ふ。從つてそれは傳承の示す

如く支那風の家廟が設けられ、支那風の祭祀が行はれるやうになつた以前のことであると考へてよい譯であつ

て、吾々はそこに朝鮮の祖先崇拜が儒敎的に統制されるに先つて、內地の場合に於ける如き佛敎との結合が行

はれ、更に溯つては上代日本の氏神の信仰に通ずるものがあつたことを示唆されるのであるが、今のところ資

料が不足で確かなことを云ふ譯には行かない。

　附言　この小篇の根本資料は文學士權覺周君に依賴して調査したものであるが、これと關係のあるプリタンヂ・世岩タンヂ・帝釋タン
ヂ等の資料は他の地方にもあると思ふ。朝鮮民俗學のため篤學の士の敎示を仰ぎたい。

秋葉隆, 「儒敎以前の祖先崇拜」, 『조선』 297호(1940.02.01), 55쪽

かう云つたやうな祝願を家族のもの、人一人に就いて唱へながら祈るのであつて、祈の目的は第一に子女の

出生とその榮達、家族の安寧、それから金錢財物の豐富、病災、酒禍、口舌の厄を防ぐことなどである。死人

を見たもの喪門に出入せしもの、月經中の女、肉食をしたものは祭に參加することが出來ないから、祭日の三

日前から家族は全く肉食をしない。また祭が濟むまで夫婦の同寢も禁せられる。祭の參加者は主として女子で

家族の男達は見物することは出來るが、行事に干涉すること無く、親族及び近しい家の女子も參加見物して、

祭が濟むと供物の半分は巫女又は主祭の老女に與へ、殘りの半分は家族親族隣人等が分けて食ふ。平常もブリ

神の行李は神聖なものとされ、これを指さすことさへ禁せられてゐるので、平素行李を開けることは絕對にな

い。猥りに開けば神様が驚かされるので家族に罰が當ると云はれ、適當な場合に行事を行へば福が與へられる

と考へられて、女達はこのブリ神の祭を行ふことによつて心の平安を得、祈願が成就すると確信してゐる。それ

で家內にこの神の行李を設けるのも、多くは之を祀れば家が榮えるといふ巫女の話によつてするとか、或は子

女の出生を目的として、又家中に重病者のある場合にこれを祀つて祈るといふやうなことから始まるといはれ、

この地方の多くの家に祀つてあつて、所謂一家の祖先の神ではないと考へられてゐる。またその傳說・神衣・

祭名・供物・祭人の衣裝・祝願の文句等から考へても佛敎的色彩が濃厚であつて、祖靈とは別なものとされて

ゐるが、而も人々はこれを以て昔から代々傳はつて來た神、家廟を設ける前からあつた神と考へて居り、その

神行李の形態・神壇・行事等が全く祖上行李の場合と同樣であることから考へると、これはどうもウムキのや

うな古い祖先崇拜と結合した佛敎の名殘のやうに思はれる。　京城地方の巫女の神歌中にもブリカマン・ブリ佛

秋葉隆，「儒敎以前の祖先崇拜」，『조선』297호(1940.02.01), 54쪽

この場合には正月の帝釋祭は行はない。結局毎年一囘相當大きな帝釋祭があることになるが、この外に伺は臨時の行事としては、婚姻の納采の時にプリ神の行李に色布を入れるとか、不姙の場合に麻橋（삼다리）と稱する麻布の小片又は鐵の小斧三個を入れて子を祈るといふことがあり、定期の小祭としても七夕及び末伏の日に麻布を入れ供へる行事がある。

正月の帝釋祭には巫女を招いて行ふのが常であるが、家族又は親族の老女が主となって行ふこともある。供物は飯餅・花餅等の餅が主で、詳しくいへば庫房の棚から厨房に移した神行李の前に飯床三個を置いて中央の飯床に飯餅を供へ、その中央に花餅（裏面に米粉をつけた丸餅）を三個重ねて、これに柳の東枝を切って立て、その枝に麻布一尺三寸、紙の僧帽三個、紙の扇子三個を結び、側に玉蜀黍の稈を立て僧帽をのせる。次に兩側の飯床に各々三個一重で二十三重づつ花餅を積み並べ、上に朝鮮紙を敷いて白米三合三勺づつを供へるのである。そこで主婦が僧帽を延り長衫を着て供物の前に進み、神行李に對して三拜を行ふ。次いで巫女又は老女が合掌しつゝ、又ヤンブン（眞鍮の鑼）を叩きながら次の如き祝願辭を唱へる。

黃金山二萬佛樣がお受け下さるやうにこの供物を供へました。一萬千家戶の中祈る者は咸興荷西里權氏家內の三十歳の某が子を生まんとしてお供へしましたから、何卒空しくお受けにならずに、受けたる功に報ゆるやう、捧げたる誠に報ゆるやう、祈り奉ります。子供をお與へ下さらば命と福とを共に下し給へ。命だけでは生きられませぬ。福だけでも生きられませぬ。あらゆる命とあらゆる福とを悉く下し給はるやう祈り奉ります。

秋葉隆,「儒教以前の祖先崇拜」,『조선』297호(1940.02.01), 53쪽

ものなどもある。即ち權家の祖先にあたる祖上カンヂを祀ると共に、權家に關係の深い婢僕―殆んど家族的に考へられた昔の奴婢―のカンヂもあり、姻戚に當る李氏の祖先の横死せるもの丶怨鬼を祀つた「李門カンヂ」といふのもある。因みに巫家には所謂ムウダングカンヂを祀り、巫の死靈は凡べてカンヂであるといふ點から考へても、カンヂが如何に恐ろしい鬼神と考へられてゐるかゞ分る。

かやうに權家の庫房には、家廟の神位とは全く趣を異にする祖先の神行李が奉安されてゐると共に、一家に關係の深い怨鬼をも祀つてゐるのであるが、かやうな祖靈の宿る神行李を祭ることを「上樣に祈る」（우님빈다）と稱し、ウニムは勿論ウムキであるが、祖先を祖上といふのはこの上樣から來た表現らしい。それは丁度上代日本の氏の上が氏神の主祭者であり、また氏神でもあつたのと同樣であつて、ウムキ（우룽이）は卽ち氏の上に外ならないと思ふ。ところが尚は面白いことには、これ等の祖上行李と相並んで、もう一つの注意すべき神行李がある。それは前述の中代祖母の祖上行李に似たもので、柳行李の中に麻の長衫と僧帽及び麻帶を入れ、尚は色布や錢も入つてゐる。名づけてプリソングイン（부리성인）といひ、男神である。성인は僧樣（슝님）の訛らしく、佛教の色彩が強いことは行李の中に納めてある神衣からも考へられるし、この地方の民間說話の中にも、黃金山二萬佛といふ坊さんが人間供養のためにこの世に現はれて、王女と交はり、三人の男の子を生んだが、その中の一人がこのプリ神であると傳へられてゐる。その上この神の祭を帝釋祭といふことまでが佛教的であるが、例祭は正月の地神祭の時に一緒に行ふ。地神祭卽ち墓地の神の祭は春夏秋冬の四季に行ふ中、春正月の地神祭の時だけこの帝釋祭をも行ふのである。それから五年毎にある祖上祭の時にも帝釋祭をやるので、

れて祭る。尚は五年毎に行ふ祖上祭の時には、過ぐる五年間に捧げた麻布五匹を取出して、後の一匹だけは殘してをく。それでこの取出した麻布は半分を祖上祭の主巫に與へ、殘りの半分を親類の家に分つことになつてゐて、若しこれを他姓の人に與へると一家の福が他に移ると云はれ、他人には絶對に與へない。それで人々はこの異なる麻布で着物を作つて着、文字通り福を身に着けると信じてゐるのである。尚ほこの例祭の外に思はぬ不幸などの場合にも、巫女の指圖によつて行李に色布や錢などを入れ供へて祈る。

それから前記の男祖上に對して中代祖母（종대할머니）といふ女祖上の行李があつて、その行李の中には麻の袈裟と僧帽及び麻布が入れてあり、家族の安寧を司る祖先神と考へられてゐる。これも七月七日が祭日で麻布一尺半を入れて祭るといふから、供物の點から見てウムクよりずつと輕く取扱はれてゐることが分る。尚ほ家に結婚のある場合、病人のある場合などには色布を入れて祈り、新しい反物を買つた時にもそれを少し切つて入れ供へる。行事は主婦が賴みつけの巫女又は物慣れた老婆などに賴んで行ふのであるが、供物としては白米一鉢、淨水一器、果物などが供へられ、行事が終つてからその白米を飯に炊いて頂き、淨水も少し頂いて、後は露積又は淨所に捨てる。

更にこの庫房にはカンヂ甕（간지동이）と稱するものがいくつかあつて、家内に痼物、腹痛等の病者のある場合にこれに祈る。甕の中には稻・栗・麻布・色布等が入れてあり、例祭としては七月七日と正月の地神祭の日とに餅・白米・白木綿・白紙等を供へて祭る。カンヂは一般に福を與へる善神といふよりは、恐るべき惡鬼と考へられ、横死した男女の神が多く、痼物その他の惡病のために死せるものゝ外に、婢僕姻戚等の横死せる

秋葉隆, 「儒敎以前の祖先崇拜」, 『조선』 297호(1940.02.01), 51쪽

儒教以前の祖先崇拝

秋　葉　　隆

朝鮮で支那風の姓が採用され、儒禮による祖先の祭祀が行はれるやうになつてから、隨分永い歳月を經たことであらうが、それでも田舍の舊家などには、今尙ほ更に古い祖先の祭り方が殘つてゐる所がある。例へば咸興の名家權氏の家では、支那風の家廟を設けて四代祖までの神位を奉安すること、通常の兩班の家に見る祠堂の場合と同樣であるが、そこの家廟には更にクムソング（금성）といふ別の神が祀つてあつて、神體も通常の神位ではなく、柳行李に麻布・白絹・錢等を入れたものである。而もそれは祖先の中で官職を得たものゝ靈であつて、兩班の神だと云はれ、子孫繁昌富貴榮達を司る善神で、これに對する行事も災厄を免れむとする消極的なものではなく、積極的に福を祈るために七月七日を祭日としてゐる。即ち毎年この日に神行李の中に錢一兩づつを入れ換へて福德を祈るのである。ところが、この家には家廟とは別の場所に尙ほ色々な祖先が祀つてあつて、庫房の土間に棚を設け、そこに所謂祖上行李といふものが安置してある。その一は「ウムキ（우묵이）又は「ウムク（우묵）祖上」と稱して、これも柳行李に羅衫・紅帶等の昔の禮服と麻布及び錢が入れてある。しかしこの禮服は祖先の生前着用したものか、この神行李を設ける際に新調したものかは明かでない。우묵 は勿論 우묵 の訛で頂上、頭目の意、恐らく始祖のことであらう。これも七月七日が祭日で、麻布一匹を行李に入

であります。
即ち祖先の神々に只管國家の平和、國民の安福を祈らせらるゝ大御心と拜察するのでありますし、又御踐祚の勅語を拜しましても、

四海同胞ノ誼ヲ敦クセンコト是レ朕カ稔念最モ切ナル所と仰せられ、其の場合の、賢所即ち皇祖に御申上げの御告文には、世の中のありとあらゆるものが盡く兄弟の睦び親しむやうにと御祈りになつて居られます。そして此の思召は實に我が國初に於て、伊弉諾伊弉冊尊が不完全の地上を完成しやうといふ過去の神々の御心を奉じて、一體的無限の進展を意味なす「生む」の聖業に發し、皇祖が一切を照らし給び、一切を生かして各々の持味を出さしめ、以つて世界の永遠の平和と文化の無限の進展を計り給ふ大御心に起因せられる御事と拜察いたされます。

以上の如く祭祀と言ふものは重大であり、且内鮮兩者間に相當共通點もありますので、兩者相提携して益々此の祭祀を嚴修すると共に、彼我一體を圖り以つて無限の國運進展に貢献せんことを希望するものであります。

朝鮮に對して何等の智識を持つて居りません私が、斯樣な御話を申上げましたことは甚だ恐縮する次第でありますが、只世界の何處にも無い共通した點が朝鮮に在ると言ふことを申上げたのでありまして、取上げて御參考になる程のものもありませんが、我々の生活を今後之に依つて導き、進むべき途に進みたいと思つたからであります。現今は內地に於きましても此の祭祀と言ふことは餘り十分に知れ互つて居りません。只今さう言ふ傾向になりつゝあるのであります。皆樣に於かれましても、どうか彼我一體と言ふことを目的として、光明ある前途に無限の進展を期せられるやう御盡力あらんことを御願ひする次第であります。甚だ雜然たる話でありまして、經まりのないものでありましたが、永らく御淸聽を煩はしたことを感謝致します。（完）

星野輝興、「内鮮共通せる祭祀に就て」、『조선』253호(1936.06.01), 125쪽

る祭祀を人に依り時に依りては、無積神の一つの儀體であり閑人のする事のやうに考へる人も居りますが、之は以つての外のことでありまして、現今の所謂國家非常時に際しましては、殊更に此の祭祀と言ふものを活躍せしめ、大いに地上の完成を期せねばならぬと思ふのであります。然し乍ら内地に於きましても、此の祭祀と言ふものは一般にまだはつきりと知られて居りませんが、段々と分つて來て、吾人の實際生活と祭祀の關係がソロ／＼考へ出されて來たものと思はれるので、此の際大いに祭祀の意義を闡明し、祭祀を嚴修せなければならぬと言ふことに就きまして、私共只今聊か計畫を樹て〱居りますが、祭祀は單なる宗敎的氣分のみで行ふものではないのであります。勿論宗敎も必要ではありますが、上來述べるが如く、我が日本即ち内地も朝鮮も共に元々祭祀國でありますから、祭祀と言ふものがあつて初めて、我々も生活して行くことが出來るのであり、祭祀が總べての根據となつて來なければならんのであります。

それに就きまして、今上陛下の御敬神の御一端を拜したいと存じます。今上陛下は皇太子にましく〱た御時に歐米各國を御巡遊になりましたので、中には新生活に没頭せられるやうなことはあるまいかと御心配申上げた者もありましたが、我々日常御側に奉仕して居る者が拜見致しますと、敬神の念の厚きと祖先を御敬ひ遊ばすことの深いとは、實に非常なものでありまして、或年雪の降る寒い日に御拜がありましたが御製に、

降る雪に心濟めて安らけき
世をこそ祈れ神の廄前

とあるを拜しますと、一入其の大御心が拜察せられるのであります。又或年のことであります。聖上陛下には御氣分おすぐれ遊ばされない時に、寒夜御親祭を行はせられねばならぬ時、御側近の者が玉體に障りあらんことをお氣遣申して御取止めになつてはと申上げましても、敢行遊ばされたのであります。何故そんなにして迄敢行せらるゝのか、我々も其の意味が分りませんでしたが、翌年の新年の御歌會の御製

天地の神にぞ祈る朝凪の
海の如くに波たゝぬ世を

右を拜するに及んで、畏くも十二分に其の意味が分つたの

自分の頭を下げると言ふ所に禮があるのでありますから、假令一時的にもせよ坐つて立つと言ふことは、即ち頭を高くすることでありまして、さう考へて見ましても禮に副はぬと思はれたのであります。所が之もこちらの國葬の時に初めて分りました。國葬に於いて殿下方は上の壇に上つて燒香をせられ、拜は遙か下つて致されましたことであります。拜といふものは、殿上でするものでなく、殿を下つてするもの、隨つて庭上に立つてをる。其の立つてをる體がひれ伏して敬意を表すので、彼の拜に當り起つのは庭上に立つて居る態で、坐はるのは立體が平伏の態をなす意味であつたのであります。斯樣に兩者共通のものは古い儀式を見ますれば、尚此の外にも色々のものが澤山に出て來ると思はれるのであります。其の共通して居ると言ふ點が、多くが支那から朝鮮に、朝鮮から内地へと考へられるのでありますけれども、必ずしもかうした關係のみでないと言ふことが言へます。それは既に述べました坂枕のことといひ、飲福のことといひ、洞祭のことといひ、誠に明らかなことでありますけれども、尚一の例として申しますれば、支那では神様や佛様に供物をする時、美味しいものを澤山に供へてはならぬと言ふことを禮記で屢々戒めて居ります。何故美味しいものを澤山供へていかぬと言ひますと、之は神様を人間扱にするから不可と言ふのであります。所がそれならば支那から文化を受けた朝鮮も内地も其の通を行つてゐるかと言へば、さうではありません、内地でも朝鮮でも美味しいものを成るべく澤山にお供へしやうとして居ります。此の點頗る支那と異なつて居ります。而も朝鮮では内地よりもつと澤山――若しひ得べくんば、少々度はづれに美味しいものを澤山差上げやうと致します。此の點なごは必らずしも文化の傳來に依つて共通なものがあると言はれないのであります。之れ内地も朝鮮も神様を人間的に見て來て居る證據でありました、祭祀と言ふものは道徳に起立してをると言ふ共通觀念からのものであります。さうして更に祭祀といふものをよく考へて見ますると、彼の高盛の如き飲福の如きは、實に人間の正しい自然の生活に現はれる所の經濟の原理であり、洞祭の如きは、地上の生活の最高理想顯現の第一義たる神社に頗る近似してをるなごを考へると、祭祀は交易ならざるものであります。然るに其の容易ならざ

星野輝興,「内鮮共通せる祭祀に就て」,『조선』253호(1936.06.01), 123쪽

次に內地や朝鮮に於きましては、神樣や佛樣に御供へするものを高く盛り上げる慣習があります。之は現今では內地に於きましても一般には大分廢れて來ましたけれども、我々が仕へて居ります宮中等では今でも之が行はれて居ります。私は何の意味で高く盛り上げられるのか分りませんでしたが大正十四年の國葬に參りました際に初めて其の意味が分りました。それはその節私は金谷里の齋室に泊りましたが、翌朝朝食に私には折辨當を下さいましたが、一緒に參りました李次官(其の當時禮式課長)には朝鮮式の御料理が出されたのであります。さうして李次官はほんの少し計り食べたのみで直ぐ次の部屋に其の膳を下げられました。何故に大急ぎで次の部屋に下げられたのか分りませんでしたけれども、後で朝鮮一般の食事の話を聞きますと、一つの食器に盛つたものを上から順々に食べて下に行くのだそうでありますので、上の者が八時頃に食べ初めても之が下男下女等に行く時分には十時にも十一時にもなるのだそうです。ですから上の人が早く食べなければ、下の者は十二時になつても朝食が食へぬことになろのであります。　尙此の話に就きましては私が九州の宇佐神宮に參拜致しました時、到津男爵から驚かされたことがあります。それは此の宇佐神宮には三升の飯を差上げる祭器があるといふことを知らされたことであります。之はこう言ふ意味であらうか。いくら神樣でも一時に三升は少し多過ぎはせぬか、私も其の時は果して何の意味で斯樣に大きなものがあるのか分りませんでしたが、只今申上げたやうな譯でこちらに來まして初めて其の意味が了解出來ました。卽ち其の器が一種の飯櫃でありまして、之を上の者から段々に食べて下の者に廻すのであります。其の爲に斯樣に大きなものがあつたのだと言ふことが分りました。

「もう一つは之も國葬に來まして初めて分つたことでありますが、神主が祭典を行ひます時に、立つたり坐つたり幾度も致しますが、あれは何の爲であるかと言ふことであります。立つて居る者が坐ると言ふことは禮に適つて居りますけれども一旦坐つた者が又立つて御辭儀をすると言ふことはこう考へて見ても意味が分りません。或者は立つたり坐つたりすれば身體に苦勞があるから之が禮になるのだとも言ひますが、之は私にはどうも腑に落ちません。

があつた者が分家したものでありまして、結局祖先は功勞者であるといふことになるのであります。又事實功勞者でなければ昔は分家出來なかつたのであります。斯う考へて見ますと國家に功績あつた者は祖先であり、祖先は皆國家に對する功勞者であつたといふことになるのであります。でありますから、我々が、此の功勞者であつたこの祖先のやうにならんとする、即ち彼我一體を念ずる心と、さうして祖先を崇拜するといふ二つの思想が家祭であり、祖神であります。さうして之は自分一個人から見れば祖先崇拜であり、公に見れば彼我一體に依つて國運の進展を期するといふ、頗る深遠な關係の存するものであります。

次には神社のことであります。神社には氏子といふものがありますが、此の氏子と言ふものは凡べて神道家でなければならんかと言ひますと、さうではありません。禪宗もあれば淨土宗もあり、日蓮宗もあれば法相宗もあります。又今日ではクリスチャン等も居ります。斯ういふ點から見ますと、神社と言ふものは宗教の所謂排他的信仰とは全く異なものであります。然らば神社にお詣りすることは何の意味であるかと申しますれば、之は家祭よりは一段高い地位、即ち氏族を超越した所の彼我一體を圖るのが最終の目的であります。種々異なつた血筋なり、職業なり、思想なり、宗教なりを持つた人々が此の神社に依つて皆一つに結び付けられるのであります。さうして祖先のやうに國家の功勞者とならうとするのであります。でありますから、神社も彼我一體を圖ると同時に又之も祖先崇拜と言ふことにもなるのであります。之が單なる祖先崇拜であるとは言へぬのであります。朝鮮でも洞祭は各所にあります。ごんな村でも之はありますが、之が内地の神社に相當するものでありまして、部落内のいろんな人々各々異なつた信仰を持つて居る人達が、此の洞祭には皆心を一つにして全部落的に行ふのであります。之も内鮮共通の觀念のやうに思はれますので、此の洞祭が今少し進んだならば内地の神社と、全く同じものが出來るのではないかと思ひます。田舎の事情は良く分りませんが、此の洞祭なるものが内地の所謂鎮守の森と言つたやうなものと同じであつて、何千年の昔を辿つたならば全く同じ所から出たものではないでせうか。

星野輝興, 「内鮮共通せる祭祀に就て」, 『조선』253호(1936.06.01), 121쪽

すこ大體

神　　社

家　　祭

宗教的祭祀（ムーダン）

の三つに分けるこさが出來るこ思ふのであります。我々は普通祭祀さ言ひますさ、宗教に非ざる信仰行爲さ見て居ります。さうして此の神祀に相當するものが、朝鮮で言ふ洞祭であり家祭に相當するものが、祖神であるさ思ひます。尙此の外にムーダンさ言ふものがあります。此の種のものは朝鮮のみならず、北方に於いても將又内地に於いても澤山あるのであります。大正八年に私が此方に參りました際は、例の獨立騷動のあつた年でありまして、夕暮になるさ外出は危險さ言はれたのでありますが、下層社會の實情を調査せんさ思ひまして努めて出步いたのであります。さうして或る夕方場末の朝鮮芝居を見に行つたこさがあります。それは何か我々のものさ共通なものがありはせぬかさ思つたからであります。所が其の結果意外なものを發見致しました。それは其の芝居で見た舞でありますが、之が恰も北陸乃至東北卽ち日本海沿岸地方に於ける内地の里神祭の神樂さ、其の袖の振り具合、體のこなし具合、樂器の取扱まで全く同じなのであります。言葉は分りませんけれごも、目を瞑つて默つて聞いて居りますさ、すつかり同じここであります。之もムーダンが海を渡つて内地に及んだものさ思はれるのであります。

　次に家祭でありますが、之は祖先崇拜であるさ言つて居りまして、内地に於きましても盛んに行はれて居りますけれごも、私は之が祖先崇拜のみであるさ言ふここに對しては反對であります。勿論祖先崇拜には違ひませんけれごも、只祖先崇拜のみではないのであります。只祖先崇拜以外のものがもう一つあるのであります。それは何であるかさ申しますさ、彼我の一體を圖り以つて無限の進展を期せんさする所の、一つの國民性の信仰的氣風の現はれであるここであります。而して此の彼我一體の最も近いものが親子であり、親が子を愛し子が親を敬ひ慕ふさ言ふ觀念が、從つて祖先崇拜さ言ふこさにもなるのであります。さうして此の祖先さ言ふものは分家するここに依つて新しい祖先が又出來るものでありますが此の分家さ言ふものは大氏族で見ますさ、國家に對して功勞あるといふことから、穀神を東といふことを考へます時に、内地のこれに類する祭祀から、可なり思ひ出されることがあります。それは大嘗祭にお供へする米を作る田を齋田と申しますが、此の齋田も東の方は必ず建物等はなく空けてあります。之は東の方から神様がお出でになると言ふのでありますが、今から一千年前の延喜式のやり方を今尙其の儘行つて居るのであります。東の方に神様が御出でになると言ふことは、ずつと前から言はれて居ることでありまして、只今陛下は此の嘗祭に當り御祭典の時は、神宮の方面に向つて祀りを遊ばしますけれども、以前は皆東の方を向つて祀られたものであります、かうした風習も外來の宗敎にといはんよりは、内鮮に自然に發達したもの、而も内鮮共通のものであります。

それから之に關聯したもので飮福と言ふものがあります。之は我々をして最も驚歎の聲を發せしめるものであります。それは祖神の靈前に御供へした祭物、即ち供物を其の子孫が戴くことであります。之は支那に餕と言ふものがありますので其の遺風かとも思ひましたが、さうではないらしいのであります。支那の餃と申しますのは之に信仰があるのではなく、全く物的に行はれるのであります。之に依つて俎を凌ぐといふ意味なのであります。所が內地や朝鮮のものは、此の供物に祖先の靈が加はるものとし、從つて之を戴くことに依つて其の子孫が祖神の靈の加護を受け、又益々立派に榮えると言ふ信仰、即ち靈的に之を行ふ所が支那のそれと異なるのであります。そして之に供へるものを內地は初穗と申しますが、朝鮮では新薦と言ふのであります。而して此の新薦の內容には朝鮮では二通りあるのでありまして、其の一つは惡魔に之をやつて其の祟りを除ぐ意味であり、他の一つは之を道德的に解釋して、我々の祖先に甘美しいもの、新しいものを召上つて貰ふ意味で差上げるのであります。慶州で見ましたものは、內地で俗に言ふ無緣佛に對するやうなものでありましたが、內地では此の惡魔に對する祟りを祓ふと言ふやうなものは殆どありません。之等は下層の勞働社會に立入つて調べて見ますると良く分るのであります。

次は洞祭であります。內地に於きましては祭を大別致しま

星野輝興,「内鮮共通せる祭祀に就て」,『조선』253호(1936.06.01), 119쪽

央に今日でも寢座を設けられますが、其の時御用ひになります枕を坂枕と申しまして、之は布團の幅一杯あるのであります。南洋から來た遁風であると申して居るのが定說となつて居るのであります。私共も之を信ぜぬと言ふのではありませんが、大體南洋から來たものであらう位に信じてをりました所が慶州に行つて見ますと墓の模型があり、そしてベット一杯の石枕がありました。今まで斯う言ふ風習は南洋のみと思つて居りましたに、今日內地に於いて用ひられて居ります坂枕の遁風は宮中の外見ることの出來ぬものが、而も朝鮮の古い塋から發見せられたといふことが出來るのであります。それで私はそれを叮嚀にスケッチして、寸法まで一々書き取つたのでありますが、傍で朴氏は何を書いて居るのかと言ふ具合で不思議さうな顔をして居りました。それで實は斯くゝであると新嘗祭の話を致しますと良く分つたと言ふのであります。內地でも新嘗祭の本當の意味を諒解する者は少いのであります。それに朴氏は良く其の意味が分ると言ふのであります、さうしてそれは自分等が常に行つて居る所の新薦に相當するのであると言ふのであります。そこで私は坂枕のことを可なり詳しく話しました所、其の後宮地直一博士が講演か何かでこちらに來られた節、歸京されてから申されるには、實は此の前朝鮮に行つた所、慶州でひどい目に遭つたと言はれましたので、どんなことでありましたかと言ひますと慶州の博物館の朴氏から大嘗祭、殊に坂枕の說明を聞かされたと言ふのであります。其所でそれならば自分が此の前行つた時に、坂枕の話からいろんな話をして置いたから原因は私に在るのだと言つて笑つたことがありました。

それからもう一つは垈主であります。京城附近では之を業主と言つて居るさうでありますし、又或る地方に於きましては基主とも言ふさうで、屋敷の守神樣であるさうでありますが、之を慶州で見た所に依りますと、籾を甕に納め塋所の人の踏まぬ所に、出來秋から出來秋まで置くのでありまして、丁度一種の神樣のやうな取扱ひを致して居ります。これに對して案內の方は多分農事改良に關係して居るものであらうと言つて居りましたが、內地の穀神の神體が米である場合があるといふことから、穀神としてであるといひ得ると存じますのみならず此の垈主の垈の字であります。垈は東嶽のことで

星野輝興, 「内鮮共通せる祭祀に就て」, 『조선』253호(1936.06.01), 118쪽

演ずるのであります。之が果して人の道の本旨であるかどうかは私は知りませんが、兎に角斯う言ふ事實があつたのであります。

以上の如く宗教では死と言ふことを悲しみませんが、内地も朝鮮も、否、皇室の葬儀も王家のそれも悲しみます。さうしてそれは兩者共に其の本來の生活は人情自然の道德に起立してをるといふことが此の結果を來たしたものと存じます。

さて此の人間本來の生活、氣持は皆同じでありまして、共通なものがあると言ふよりは、内鮮不二のものがあるといふ、ここに就いて尚考へを進めて見たいと存じます。それは朝鮮に於ける宗教と言へば、一般の人は儒敎と、佛敎とムーダン（巫堂、シャーマレ系統）だらうと思つて居ります。又事實多くの學者も朝鮮の宗教は此の位と言つて居るやうであります。然し乍ら儒敎も佛敎も之等は悉く皆外國からの輸入でありまして所謂外來の宗教に外ならぬのであります。然らば朝鮮では之等の諸宗教が遺入る前にはどんなものがあつたか、之が最も私の知りたいと思つて居る點であります。さうして之を見る爲には下層社會に身を投じたならば、或る意外なものを掘出しはせぬかと思ふのでありまして、國葬で此方に参りました際にも、斯う言ふ意味で努めて出歩いて見たのであります。大正八年の時分には夜分なご外出は物騒だと言ふのでありましたが、それでも随分出歩いて見ました。然し乍ら何分にも言葉が通じませんので、甚だ残念でありましたが、二度目の十四年に参りました際には、歸りがけに所謂新羅の遺跡である慶州を訪れまして、意外のものを發見致しました。慶州では例の佛國寺や石窟庵や博物館等を見たのでありますが、案内の朴氏は、金冠だとか金輪等と言ふものに對し一々親切に説明して下さいましたが、其の實私には斯うしたものには餘り興味がないのでありまして、支那印度等より諸宗教が傳來する以前に、何か朝鮮獨特のものが無くてはならぬと思ひまして、一生懸命で之を發見しやうと陳列品を見たのであります。すると全く意外なものを發見致しました。それは十一月二十三日宮中で行はれます所の新嘗祭に用ひられる所の品物であります。新嘗祭と申しますと、之は新穀を神に御供へ申上げ、又　陛下自らも之を召されるのでありまして、其の御祭を行はせられる時には、御殿の中

星野輝興, 「内鮮共通せる祭祀に就て」, 『조선』 253호(1936.06.01), 117쪽

しむと言ふ事は、道德觀念より起つて來て居るものでありまして、之は皆様も良く御分りのことゝ思ひますが、然し乍ら此の死と言ふものを悲しまない者も居ります。之はどう言ふ者であるかと云ひますと、宗敎的生活をして居る者でありまず。本當の宗敎的生活をして居る者は、死と言ふことを少しも悲しみません。私の近所にカトリックの信者が居りまして平素非常に親しく交際して居りますが、其の人は、私が毎朝冷水を被つて身體を清め神にお祈りをする事を知つてをり、私には一番良く貴方の心が分ると常に私に向つて言つて居たのであります。それ程私とは總べてに良く諒解し合つて居る間柄でありますが、どうしても両者の意見の合致せぬものは死であります。丁度其の人の大變可愛がつて居りました子供が亡くなられましたので私の方から、洵に御愁傷で御座いますと御悔み申上げたのでありますが、其の信者は、自分の子供は天國に安らかに御引取を願つたと言ふのであります。此の意味は、天國にお引取りを願つたから先づ之で一安心したと言ふのであつて、何も悲しむべきものでは無いと言ふのであります。之には何と返答して良いやら、ホトゝ困惑したことがあります。かやうに死と言ふものに對して悲しまない人も居ります。之は何もカトリック信者のみに限つたことは無いのでありまして、佛敎信者でも、本當に其の宗敎の本旨に悟入した信者になりますと死と言ふことに對して一向悲しみません。淨土眞宗では彌陀が五色の雲に乗つてお迎へに來られ、西方淨土にゆくことが出來ると言つて居ります。かう言ふ人達に對して死を悲しむなどゝ申しますと却つて機嫌が惡いのであります。

又今日流行して居ります人の道などでもさうであります。人の道は宗敎であるとか無いとか言ふことは拔置き、之も死と言ふことに對して餘り悲しみません。私の知人でこの信者があります。然るに其の人が非常に厄介になつた義理ある親が死んだのであります。普通ならば斯うした親が死ねば、いくら泣いても泣き切れぬと言ふのが人情でありますが、人の道の信者は夜半十二時迄は悲しさうな風をして居りますが、十二時を過ぎますと掌を返すが如く、信者一同が口々に御目出度うございますと言ふのであります。さうして色々な遊戲に耽るのみならず、果ては歌ひ舞ひ踊ると言ふ大騒ぎを

星野輝興,「内鮮共通せる祭祀に就て」,『조선』253호(1936.06.01), 116쪽

第でありますが、然し乍ら或一面に於きましては、全然智識の無い者の見た所に、窯外御参考ごなる事柄がある場合もありますので、今日はこんな勝手な考へを以つて、強ひて此の席に臨んだ次第であります。

扱内地ご朝鮮のもので共通して居るご思ひますものゝ、一番速くに氣付きましたのは、哀號ご言ふ音葉であります。此の言葉は朝鮮獨特のものかご思つて居りますご、決してさうではありません。内地の古い或時代のものには、相當此の哀號ご言ふ文字が出て居ります。斯う言ふ所を綜合致して見まするご、此の言葉は決して朝鮮にのみ見るものではないご言ふこごが出來るご思ひます。

又諸種の儀式の如きに於きましても、皇室のものは勿論でありますが、其の他一般のものでも、それが古ければ古いだけ、朝鮮のものご良く似て居るのであります。此の點は言ふまでもなく、日本の文化が朝鮮から傳はつたご言ふこごを立證するものでありますが、此の儀式にも色々なものがあります。そして儀式も内地に渡りましてからは、段々ごもこの様式を脱して、日本獨特の信仰的生活ご變化したものも相當あるのであります。朝鮮の儀式は周三千年の歷史を持つて居るご申して居りますが、之はこちらで現にお使ひの祭具を禮記の附圖等に見ましても明らかに分るのであります。要するに私共も過去は皆一緒であつたものが、後に至つて段々ご分れたのでありますから今日に於きましても、昔のものを調べて見まするご、兩者相共通せるものゝあるを澤山に發見するこごが出來るのであります。

大正八年の李太王殿下の國葬儀は内地式でありましたが、十四年の李王殿下の時には純朝鮮式で行はれました。私も當時儀式の係員ごして渡鮮致しました。此の葬儀は五禮儀に依つて行はれたのでありましたが、私は之が朝鮮式の葬儀に親しく關係した最初でありました。然し其の葬儀を良く見て居ますご、皇室に於て現在行はれて居ります葬儀ご、方法は多少異なつて居りましても、其の意味並びに名前等は全く同一であります。之は何故であるかご申しますご、之も矢張り此方の文化が日本に傳はつた爲であらうご思はれるのでありますが、よく考へますご之は必ずしも皆さう計りでもありません。第一我々は、人が死ねば悲しみます。此の死に對して悲

星野輝興,「内鮮共通せる祭祀に就て」,『조선』253호(1936.06.01), 115쪽

内鮮共通せる祭祀に就て

星野　輝　興

本記事は昨年星野掌典が來鮮の際、中樞院に於て試みられた講演の内容にして、祭祀上内鮮關係の不二一體を力説するものである。（編輯者）

　私は甚だ未熟な者でありますが、多年宮内省に御奉公申上げて居りまして、聊か祭祀の方面に關係致して居りましたので、大正八年及び同十四年の李太王、李王兩殿下の國葬の節に朝鮮に参つたこともありますので、何か朝鮮と内地との祭祀に共通のものがあらば話しせよとの事で、本日御伺ひ致したやうな次第であります。然し乍ら只今申上げましたやうに、朝鮮には二度來たのでありますが、何れも國葬の時で、殊に私共は下廻りで大變多忙な仕事に携はつて居りました爲に、何一つ研究する暇も無かつたのでありました。今日も之より三時の汽車で金泉に行き、それが濟んで大邱に行き、翌十三日には午後四時に大邱を發して七時に釜山に着き、それから十一時の連絡船が出帆するまでに、又其所で一場の卑見を申述べることになつて居り、そして十五日に東京に着きますと直ぐ其の朝から出勤せなければならぬと言ふ具合で、しかも之が私の何時もの生活でありますので、折角此方に参りましても、此方の生活を十分に味はひ、研究すると言ふことが出來ないのであります。何事もさうでありますが、就中祭祀と申しますものは書籍の上でのみ見たのでは滿足が出來ないのであります。話だけを伺ったのではどうも得心が出來ないのであります。隨つて前申上げましたやうに、二度朝鮮に來ることは來て居りますが、何も研究は出來て居ない、さう言ふ立場にある私が、今日皆様の前で兎や角申上げることは非常に恐れ入る次ばかりでなく、却つて諸種の弊害が簇出するに至るのである。さればとて、之を放任して置いたのでは何時までも革正することが出來ないから、先づ教育指導によりて民衆の理解と自覺とを促し、次で適當な時期を見計つて法令の實施、その他適切なる方法を行ふべきである。

規則改正の要旨は、なるべく共同墓地を利用せしむる點に於ては、舊規則と異なるところはないが、私設墓地に付ても一定の條件及制限を附して之を認むることゝし、即ち第一條に於て、自己の所有地に祖先又は配偶者の墳墓を有する者は一家に一ヶ所を限り三千坪以下の私有墓地を設くることを認め、又第二條に於て、共同墓地の他に祖先又は配偶者の墳墓を有せざる者でも、道知事の許可を得れば、私有墓地を設くることが出來ることゝなつた點であつて、斯る規定を設けたものゝ出來得るだけ之を制限し、なるべく共同墓地を利用せしむる方針であつたことは諸種の事情から推測し得るのである。然るに、共同墓地を利用する者は餘りに增加せず、又許可墓地の新設には相當嚴格なる制限があるのに、屆出墓地はその設置が自由であるために之を設くる者が著しく多く、而も三千坪と云ふ殆んど無制限に等しき廣さを認めてあるので之が爲に前述の如き極めて廣大な面積を占むるに至り、且つ非常な勢を以て益々增加しつゝあるのである。

併しながら、近年大衆の間に於ても墓地に對する舊來の觀念が謬つて居たことや、墓地面積の豫想も及ばぬ廣さに達したことや、其の他種々の社會的事情から、漸く醒めて現行制度の改正を要望する者が次第に多きを加へつゝあるので、此の機會に於て更に墓地に對する正しき觀念を植付くると共に、現行規則の適切なる改正を行ふべきであると思はれる。而して改正に對する意見の主なるものを摘記すれば

一、共同墓地は適當なる場所を選び、且植樹境内の區劃其の他美化工作を行ひ、之を利用せしむる方法を講ずること

二、第一條の屆出規定を廢止し許可制とすること

三、右屆出規定を存置するも面積を制限すること

四、許可墓地の面積を統一制限すること

等で是等に付ては再び累を將來に遺さぬ樣特に寄慮すべきである。

西龜三圭，「朝鮮の墓地問題」，『조선』291호(1939.08.01), 75쪽

六、墓地規則の沿革と改正

現行規則は明治四十五年六月に公布せられ、大正二年九月から同年三月までに順次各道に施行せられたのである。然る
に、本令はその當時の風俗習慣に合はずして、到處に不平や不滿が起り、且犯罪や訴訟の絶へ間がなくしてその措置に堪
へられなかつたので、大正八年九月に現行規則に改正せられるに至つたのである。而して、改正の主なる點は、第一條及
第二條で舊規則第一條には「墓地ノ新設變更又ハ廢止ハ、警務部長（京城ニ於テハ警務總長）ノ許可ヲ受クヘシ」第二條
には「墓地ハ府・面・里・洞其ノ他地方公共團體、又ハ、之ニ準ズベキモノニ非サレバ新設スルコトヲ得ズ。但シ、特別
ノ事情アルトキハ、單獨、又ハ一族、若ハ合族ノ墓地ヲ許可スルコトアルベシ」とありて、之に依れば専ら共同墓地主義
を採り、特別の場合を除きては、私有墓地の新設を認めざる方針であつたのである。然るに、之が前述の如く、多年の因
襲的觀念に合はずして、諸種の紛擾を醸したので、現行規則の如く一定の條件及制限を附して、私有墓地の新設をも認む
ることに改正せられたのである。卽ち、言ひ換ふれば舊規則は理想としては可かつたけれども、實際としてはその施行が
不可能であつたと云ふことになる。それは、規則改正の直後大正八年十月に「墓地規則改正ニ關スル件」として通牒せら
れた訓令に「墓地火葬場埋葬火葬ニ關シテハ、衛生上竝秩序ノ維持上、之ガ取締ヲ勵行シ來レリト雖、勤モスレバ朝鮮ノ
風俗習慣ニ合ハズシテ不平ノ因ヲ醸シ、徒ニ事端ヲ滋カラシムノ嫌アリ。仍テ、明治四十五年六月府令第百二十五號墓地
火葬場、埋葬及火葬取締規則ヲ大ニ改正シ、舊來ノ慣習ヲ認メ各種ノ制限ヲ寛ニシ、諸般ノ手續ヲ簡易ニシタリ」云々と
あるに見てもよく之を窺ふことが出來る。更めて述ぶるまでもなく、法令の實施に付ては、その時期と方法とに愼重の考
慮を排ふべきである。就中、多年民衆の間に深く浸み込んだる風俗習慣を矯正せんとする法令に於ては特に然りである。
然らずば、假令その趣旨は可いとしても、餘りに理想に趨り過ぎて現實の事情に卽せなければ、その目的は達せられない

後漸次減少したものと思はれるのである。

五、墓地に關する風水説

支那に於ては、数千年前から諸種の迷信が行はれ、従つて朝鮮にも地理的、歴史的關係から之等迷信が入り込んで來た

ことは當然であるが、特に殷の滅亡當時その王族であつた箕子が、朝鮮に逃れて平壌に都するに至つて以來、支那の風俗

習慣は次第に朝鮮に輸入せられ、文物制度は悉く支那のそれに倣ふに至つたが、五百年前李朝の初めに風水師鄭道傳と云

ふ者が現はれて、支那より傳はりたる風水説を廣め、遂に朝鮮全土を風靡するに至つたので、李朝の開祖も亦彼の説を用

ひて、都を京城に定めたと云はれ、爾來五百年の間上は王侯貴族から、下は庶民各階級に至るまで、上下舉つて此の説に

心酔し、此の荒唐無稽の説が遂に朝鮮の發展に大なる禍害を及ぼすに至つたのである。而して風水説と云ふのは簡單に云

へば墓地の地勢、地形、方位の良否が、自己及子孫の繁榮に大きな關係があり、大體地勢が東方、又は南方に傾斜した丘

岡で廣き眺望を有し、その周圍に河川、沼澤が繞つて居る土地は、最良好であり、又丘岡の起伏連續して居る處を上とし

其の形を龍や虎に象つて龍腦、龍脈、青龍、白虎杯と名づけ、斯る地に墓地を設くれば龍氣通じ、子孫の繁榮を招くとか

其の他種々の條件が附せられて居り、又斯る條件の備はらぬ土地に墓地を相すれば、子孫の滅亡を來たすと云はれ、何れ

も荒唐無稽の説の様ではあるが、併し以上の地形は大體に於て健康地としての條件にかなふものであり、而も李朝の開祖

が都を京城に選んだ等の點から考ふれば、その當時無智の民衆をして健康なる生活地を選ばしむる手段として、斯る説を

廣めたものが、後世に至つてその本を忘れてその末たる墓地だけに殘存して居るのではないかとも考へられないこともな

い。

西龜三圭,「朝鮮の墓地問題」,『조선』291호(1939.08.01), 73쪽

出墓地の増加であることが判る。

以上は、全鮮を總括して觀察したものであるから、更に各道別に調査研究すれば、それぐ〜種々地方的の特徴や、又は將來考慮を要すべき幾多の事實を見出すであらう。

四、墓地に關する犯罪と訴訟

墓地、殊に私有墓地の數が非常に多く、且つ廣大なる面積を使用して居り、而も毎年驚くべき増加を來たしつゝあることは上述の通りであるが、更に、又祖父母や父母が死亡したときには、墓地の選擇に大騒ぎして、或は死體を側に置いて微弯議論をしたり、果ては、風水師の許に馳せつけて墓地の方位や、地相の見立を依頼したり、又は名門富貴の人は、各地に人を遣して所謂良い墓地を探させしたりする。而して之が爲に非常に苦勞し、吾々の想像も及ばぬ莫大の金をも費す樣であり、又土地も金も無い人等は、人の說を聽いて暗葬したり、甚しきは他人の墓を撥いて自己の家族の死體を葬つたりするそうである。從つて、朝鮮の墓地には諍の無いものは無いと云はれる位で、之が爲に毎年墓地に關する犯罪及訴訟が極めて多數に上るのである。

今其の例として、昭和十二年中の墓地に關する犯罪で處罰せられた數を見ると、懲役又は禁錮四五九件、罰金一二〇四件、拘留一二件、科料二三三件、合計一九〇八件に達して居り、尚ほ此の外に處罰せられない程度の微罪件數も相當數にあることゝ思はれるから、之等を加ふれば恐くは二千件以上に達することゝ思はれるのである。

又墓地に關する訴訟件數に付ては、民事訴訟種類別表に於て、明治四十四年より大正十三年まで墓地に關する數が調査してあつて、其の後のものは摘出して居ないがそれに依ると、四十四年八八四件、大正元年八八六件、同二年八九四件、同三年四〇一件、同八年六一件、同十三年七〇件となつて居り、舊墓地規則實施當時には相當多數に上つて居たが、其の

西龜三圭, 「朝鮮の墓地問題」, 『조선』 291호(1939.08.01), 72쪽

人口の増加に伴ひ、墓地數及面積の増加することは已むを得ないとしても、それは程度問題である。前述の如く、朝鮮の墓地ば甚しく廣大なる面積を占めてゐる上に、年々著しく増加しつゝあるので、將來朝鮮の山野は墓地で蔽はれるであらふと云はれてゐるが、之を數字的に檢討する必要がある。

內地に於ては、昭和二年に墓地數は九十七萬餘で、面積は六千二百六十五萬六千八百二十五坪、昭和十一年に、墓地數は餘り増加して居らず、面積は七千四十三萬四千百坪で、九年間に七百七十七萬七千二百七十五坪、一ヶ年平均八十六萬四千百四十一坪の増加であるが、之は墓地新設の制限及び整理を行つたからである。然るに朝鮮に於ては、**共同墓地**の數は、昭和六年には二萬五千三百二十二ヶ所、昭和十二年には二萬五千九百八十九ヶ所で、十一年間に六百六十七ヶ所一ヶ年平均六十ヶ所の増加を示し、面積は昭和三年には、四千四百四十二萬千六百四坪、同十二年には四千九百二十一萬七千九百十五坪で、九年間に四百七十九萬六千三百十一坪、一ヶ年平均五十三萬二千九百二十三坪の増加を示し、**届出墓地**の數は、昭和四年には八萬百十八ヶ所、同十二年には九萬四千百二十ヶ所で、八年間に一萬四千十二ヶ所、一ヶ年平均千七百五十一ヶ所の増加を示し、面積は昭和四年には一億六十七萬百八十坪、同十二年には一億四千六百六十八萬三千七百九十八坪で、八ヶ年間に四千六百一萬三千六百十八坪、一ヶ年平均五百七十五萬千七百二坪の増加を示し、**許可墓地**の數は、昭和五年には五千四百八十六ヶ所、同十二年には八千八百五十ヶ所で、七ヶ年間に三千三百六十四ヶ所、一ヶ年平均四百八十ヶ所の増加を示し、面積は昭和五年には四百二十五萬九千八百四十二坪、同十二年には千五百五十四萬九千百六坪で、七ヶ年間に百二十八萬九千二百六十四坪、一ヶ年平均十八萬四千百八十坪の増加を示して居る。

以上を一括して見ると、一ヶ年の墓地數増加は二千二百九十一ヶ所、面積増加は六百四十六萬八千八百五坪で、二千百五十六町歩又は一、三七六里となる。

今、各種墓地面積の増加の合計を百とすれば、共同八・〇、届出八七・六、許可四・四となり、増加面積の八七・六%は届

西龜三圭,「朝鮮の墓地問題」,『조선』291호(1939.08.01), 71쪽

	ヶ所	坪
届出墓地	九萬四千二十ヶ所	一億四千六百六十八萬三千七百九十八坪
許可墓地	八千八百五十ヶ所	千五百五十四萬九千百〇六坪
合計	十二萬八千九百五十九ヶ所	二億千百四十五萬八百十九坪

墓地全體に付ての比較であるが、朝鮮に於ける共同墓地、届出墓地、許可墓地の面積を比較すると、共同二三・二、届出六八・〇、許可八・八であるから届出墓地が大牛を占めて居る。

一方里は千五百五十町歩であるから、墓地全面積を換算すれば、約四十五方里となり、朝鮮全面積一萬四千三百十一方里の〇・三%に當り、又忠淸北道の面積四百八十方里の約一割に當ることになる。

今之を内地の墓地に比較するに、昭和十一年末現在に於て、

	内　地	朝　鮮
墓地數	九十七萬七千八百四十ヶ所	十二萬六千九百七十一ヶ所
同面積	七千〇四十三萬四千百坪 （二萬四千百四十九町歩）	二億〇八百九十九萬八千〇四十四坪 （六萬九千六百六十六町歩）

此の比較に於て注意を要することは、第一は、墓地一ヶ所の平均面積は、内地は七十二坪であるのに、朝鮮は千六百四十六坪で、内地の約二十倍に當つて居る。第二は、朝鮮の人口は内地に比べて約三分の一に當るのに、墓地面積は反對に約三倍に當つて居る。第三は、人口一人に對する墓地面積は、内地は約一坪であるのに朝鮮は約九坪で、内地の九倍に達して居ることで、朝鮮の墓地が如何に廣大なる面積を占めて居るかが判る。

三、墓地の数及面積の増加

西龜三圭,「朝鮮の墓地問題」,『조선』291호(1939.08.01), 70쪽

なかつた。若し此の狀態で推移するならば、朝鮮の民衆の繁榮社會の進步は到底望み得られないと思ふ。殊に最近農山漁村の振興が叫ばれ、自力更生が強調せられて居る際、是等の弊累が癌の如く社會の根底に喰入つて居たのでは、仲々其の奏效は困難であると思はざるを得ない。卽ち朝鮮に於ける生活改善の問題も、自力更生の運動も、その基調を先づ儀禮の改善に置かなければならぬと思ふ」云々と述べられてある。是等はまことに適切な論であり、之は獨り儀禮の改善に對するばかりでなく、墓地に對する觀念の是正にも適切な論であり、更に、その基調を儀禮の改善に置くと云ふよりも、寧ろ遡つてその基調を墓地に對する觀念の是正に置くべきではないかと思はれる。先づ根本觀念を是正して、然る後形式たる儀禮の改善を行ふべきではないかと思はれるからである。

以上述べたところに依り墓地に對する觀念の是正と、之に因る弊習の矯正とが如何に必要な問題であるかが判ると思はれるが。更に、朝鮮に於ける現在の墓地が、如何に廣大なる面積を占めて居るか、而も、それが年々如何なる勢を以て增加しつゝあるか、墓地に關する犯罪や、訴訟が如何に多數に上りつゝあるか、等を具體的事實に徵して見ると、一層その重要なることが痛感せらるゝのである。

二、墓地の數及面積

墓地に關する各道からの統計には極めて不正確で、信を措き難きものが少なくない。殊に昭和六年以前のものには、特に甚しい。折角調査するならば、今少しく正確なものを作つて欲しいが、兎に角茲には今日までの數字に付きて觀察を試みることゝする。

昭和十二年末現在の墓地の狀況は

共　同　墓　地　　二萬五千九百八十九ヶ所　　四千九百二十萬七千九百十五坪

位や、地相が、自己の子孫の榮枯盛衰に影響するとすれば、之等の人々の子孫は凡べて或は榮え、或は衰へ、何れも同様の運命に逢着してゐるべき筈であるが、勿論斯ることのあり得べき道理もなければ事實もないのである。

吾々が墓地を大切にせなければならぬと云ふのは、吾が家を興した祖先や、吾々を養み育てゝ呉れた父母の恩を謝するが爲に、其の靈を祭ると共に延いては自己を反省し、日夜修養努力を忘らずして、身を立て家を齊へ、以て祖先や父母の恩に報いんとするにあるのである。然るに、自己の修養を怠り、家業を勵まずして徒らに東奔西走して無用の力を費し、無用の財を散じて身をあやまり、家を傾けるばかりでなく、更に社會にまで迷惑を及ぼすに至るが如きは、墓地に對する觀念中に大きな謬りがあるが爲である。嘗つて、昭和九年十月に儀禮準則が公布せられ、總督の告諭が發せられたが、その中に「朝鮮總督府は、始政以來日韓併合の宏謨に遵由し、疆內民衆永遠の康福を增進せむが爲、民度を考慮し、時勢の進運に順應して、各般の施設を行ふと共に、二十有四年其の間社會の進步、民力の伸展著しく、殊に最近自力更生、農村漁村振興の施設着々として其の緒に就き、都鄙を通じて營に物質方面のみならず、人文敎化方面に於ても、亦其の發達顯著にして民風漸く革りつゝありと雖も、一般生活樣式中儀禮の如きに至りては、舊態依然猶改善の餘地少なしとせず。就中婚葬祭三者の形式習慣の如きは、徒に繁文縟禮其の煩に勝へず。而も因襲の久しき、牢として拔き難く、這間諸種の弊累自ら簇生し、遂に嚴肅なるべき儀禮も、往々形式の末節に拘泥して其の精神を沒却するものなきやをしむるものあるに至れり。卽ち今にして之が革正改易を圖るに非ずんば、營に民衆の失ふ所測るべからざるのみならず、地方振興國力の伸展を阻害する所蓋し少なからざるべし」と述べられ、又之に伴ふ學務局長の談中にも「斯る儀禮の爲に諸種の弊害簇生し、民衆はその煩雜に堪へざるのみならず、之を行ふ上に自然身分不相應な費用と、無用の時間とを空費することゝなり、社會の上下を通じてその負擔に苦しみ、一回の婚禮、一度の葬禮に產を傾くるに至つた者も少なくない有樣である。

一般民衆は是等の餘弊を熟知しながら、數百年來の傳統と慣習とに固く束縛せられて、今日まで能く脫却することが出來

朝鮮の墓地問題

西龜三圭

一、墓地に對する觀念の是正

朝鮮に於ける墓地に關する觀念の中には、祖先崇拜の麗しいものがあることは勿論であるが、併し古から植付けられた迷信的のものが少くなく、而も之が爲に風敎、産業、經濟上、社會各方面に大きな弊害も及ぼしつゝあるのである。

祖先崇拜は實に麗しいことで、何れの國でも斯る風習の存せぬところはない。

特に、我が國は斯る觀念が强く、從つて祖先を祭る墓地を大切にし、內地に於ても種々の迷信的觀念はあるが、朝鮮の如くに墓地の方位や地相に付て、大騒ぎをしたり、又墓地の爲に廣大な地積を用ひたり、或は法外の財を投ずる處はない。

抑も、墓地に對する觀念は祖先崇拜に基づくべきものでなければならぬのに、それよりも後に逃ぶる如き風水說と云ふ迷信から、自己及子孫の繁榮を目的とする、換言すれば利己的觀念に重きを置くと言ふのであるから、大に考へ直さなければならぬ。而も、之により其の目的とする自己及子孫の繁榮を招き得るかと云へば、事實は全く反對に自己及子孫を衰亡に導くのみならず、社會各方面に大きな禍害を及ぼしつゝあることに瞠めなければならぬのである。

內地でも外國でも町のはづれや山腹や寺院の境內等に、共同墓地が設けられ、其の處には昔から富豪も、貧者も、學者も、無學者も、敬慕されたる高德者も、汚名を流した惡人も、相接し隣り合つて葬られてゐるのである。若し、墓地の方

西龜三圭,「朝鮮の墓地問題」,『조선』291호(1939.08.01), 67쪽

「たゞ婿と婦とをして、交拜及び相見禮を行はしむる。父婆宴をするにも、食卓に高く盛り繋ぐるを遑らないでゐたが、士夫等が多くそれを模倣して、これが爲め風俗が漸次變更されてきた」と。

晉山志に、「朝鮮は、先賢が儒學倡道して以來、文教が大いに作興されて居る。けれども閭巷間に於ける弊風は、未だ殘存して居て、婚姻をしてから、三日の後相見禮を行ふが、是れを三日對飯と云ひ、喪中には、佛前に供養を設け、又野祀をするが、是れを靑排と云つて居る。

併しながら所謂兩班等は、從來の傳習に捕はれて、少しもそれを非と思はない、南冥先生が、德裕山へ隱遁されてからは、冠婚喪祭を一切朱子の家禮に依つて行ふ様になつたので、婚禮をするには、常日に交拜及び相見禮を行ひ、喪中には、浮屠を用ひない、仍つて風俗が大いに改良されて居る。大賢の言行が、社會一般へ影響を及ぼすのは、實に偉大である事を知るべきである」と。

宣祖七年甲戌九月己卯に、院より啓し、「士民は、近年以來漸〻、古禮の正しき非や舊習の誤つて居る事を悟りつゝある様だが、未だ實行には至らない、請ふ今後の婚禮は、一切朱子の家禮に依つて行はしめたのが、如何であらう」かと云つたが、王は、「婚禮は、それぞれの傳例があるであらうから今新たに、式禮を立つる必要を認めない」と。

柳馨遠（孝宗、顯宗及び肅宗時代の人）撰磻溪隨錄「申明親迎之禮條」に、「今王子の婚儀には、悉く親迎の禮を行ふて居るに、たゞ士大夫等は、家が貧乏して居るとて、婿を入家せしむる、故に、娶妻と云はないで、入丈と云つて居る。是れは、男女の義に違反して居るから、宜しく、禮法を申明し、以て、人倫の道を正しうすべきである」と。

文獻備考に、「英宗二十五年に、士夫家の婚禮するに、必ずや親迎を行ふべしと、命ぜられてある」と。

李能和, 「朝鮮に於ける王家及び庶民の婚制」, 『조선』170호 (1929.07.01), 42쪽

行し得ないで居る。婚姻は萬世の始まりであるのに、男が女の家へ入籍するは、天理及び人道上の逆行である。この旨を傳へ、以て一般を戒しむべし」と。（實錄）

春官通考を參照すれば、十一年内子に、敎へて、「世宗朝は動輒すれば、古禮制を云ひ、王子王女の婚儀には、悉く親迎を行はしめ、士民の手本としてゐたのに、近來は、再び舊習を用ひて男女の道を逆行する樣だが、宜く中外へ諭して禮に由りて行はしむべし」と。

又十三年には、親迎の事に付き懇篤に敎へられたので、儒者金致雲が始めに親迎を行ひ、遂に之が定禮と爲つた。然るに巳卯に文正公趙光祖等が謫けられたので、之の禮も廢止されて居る」と。（文獻備考）

明宗朝時代、士民家が婚禮を行ふに、稍從來の習俗と變り、壻が婦の家へ往けば、新婦は出て交拜及び巹宴（婚式を擧ぐる事）の禮を行ひ、翌日舅姑に拜謁する、之れを半親迎と謂つて居ると。（春官通考）

中宗戊寅に、始めて親迎の禮を行ふ事になつてゐたが、己卯の士禍に由り、禮も廢れたのである。近來士族家等が、吉夕に、家禮（朱子）に由つて行事するのを眞親迎と謂ひ、女の家へ往つて交拜禮及び巹宴を行ひ、翌日舅姑に面謁するのを半親迎と云つて居ると。（候鯖璅語）

春官通考に、「朝鮮の婚禮は、甚だ粗野にして、中古以來士大夫は、婚姻を行ふ晩に婦の家へ納幣する計りで、合巹の禮は、三日後に行ふのであるが、甚だ意義ない事である。徐花潭（名は敬德で、明宗時代の人である）は、之を折衷し、婚姻の當夜に於いて合巹の禮を行ふ樣に定めて、勵行せしめたが、それが、慣例となつて、今迄續いて之れを行ふて居る」と。

朝鮮の風俗に、婚姻をしてから、三日後に初對面をするが是れを三日對飯と云つて居る。文貞公曹植（號は南冥で、明宗時代の人である。）は、「朱子の家禮を、一切その通りに行ふは、現下の事情が許さない」と云つて、古今を折衷し、婚姻を行ふ日に、交拜及び相見の禮を併行する樣に決めたが、蓋し是れが、古禮に復する端緒である云々。

東儒師友錄、曹文貞公遺事（朴世采撰）に「婚姻喪祭を、悉く家禮に倣つて行ふが、その大意のみ採用して、その他の細鎖は棄つるのである。婚禮をするにも、親迎は實行し得ないこて

李能和,「朝鮮に於ける王家及び庶民の婚制」,『조선』170호 (1929.07.01), 41쪽

「即ち妻の家のこと、人丈夫とは男が、妻の家へ入る義である。柳氏遠婚門録に、士大夫は、貴より貧富を論じて、婚が入家する事になるから、聟婿とは入家と云つて居る。併し是れに、門に反つて陰に従ふので、大いに、男女の後に背く」と云つて居る。

按ずるに、男が妻の家へ諸る風俗は、蓋し高句麗より偕はり、高麗朝に盛んに行はれてゐた様である。東國通鑑に依れば、高麗忠烈王同年に、元御史は、少女（高麗の處女）求むる慣例を廃止したいと啓奏してゐる。

又「彼の風俗を按ずるに、男を蹴ぞく事あるも、決して女は出さないで、怜も、藜の壻婦と同様であると云つて居る。この一語を以てその門俗が察せられるが、李朝時代に至り、始めて男が妻の家へ入る風俗が變つて、親迎の禮を行ふことになつた。

太祖時代鄭道傳が云ふ「親迎の禮が廢れて、男が妻の家へ入るが、識見のない婦人等は、その父母の勢力を恃み、夫を輕んじ、遂に反目して、家道が零落すること（三峰集）

實錄に依れば、太宗十五年春正月、禮曹が、服制を制定のこと、啓奏し、「前朝の風俗に、男が妻の家に入り、その子孫が、母の家で生長するから、その恩誼を重んじ、外祖父母及び妻の父母の服喪に、三十日の休暇を與へてゐたが、本朝にもその習俗を襲用し、親々の道に違反してゐる。今後外祖父母の大功服には、二十日の休暇を與へ、妻の父母小功服には、十五日の休暇を與へたい」と云ひ、王は之れに從はれた。又是より前、禮曹より親迎の禮を議決し、上奏したが、終に實行の運びに至らなかつた。

實錄を按ずるに、中宗七年十月甲申に、政院へ傳敎し、「本朝の風俗に、男が入家する事は、久しき以前より行はれ、突然に變更し得ない様である、今より、王子王女の婚姻は勿論、卿太夫家の婚姻式も、一切古禮に從ひ、人民の手本になる様にしたいから、卿等は詳かに之を考究し啓奏すべし」と。

又十年十月丙子に、傳敎し、婚姻の禮が正しくなつて後、始めて群臣父子の道が圓滿に行はるであらう。本朝の禮樂文物は大いに備つて居る様だが、たゞこの禮のみ舉らないのは、甚だ遺憾に思ふ。今國朝寶鑑を考察するに、祖宗はこれ等を改革するが爲めに、餘程苦心された様であるが、終に實

李能和, 「朝鮮に於ける王家及び庶民の婚制」, 『조선』170호 (1929.07.01), 40쪽

王は柳洵の建議に遵ふべきを主張し、鄭光朝は、「之れを行へば、前朝の法例を破るではないか」と言ふ。王は、「祖宗朝の禮文に擦る所があるのを、余の時代に至り、それを行はぬと云へば、或は先例を毀破するのであらうが、始めからない事を行ふに、何で毀破すると言ふべきであらう。今より之を定規と爲し、五禮儀註に添録して、永遠の龜鑑を爲すべきである。」と。(實錄)

宣祖二十五年十一月に、仁穆王后と婚禮を行ふに當り、禮曹より啓し、「婚禮及び大禮は、古より行はれて來たもので、杜氏通典の所載、問名、納幣、告期、親迎の六つであるが、五典は五禮儀に載せてある名稱と同じくない」と云つて居る。弘文館より啓し、「禮法に帝嚳を承繼すると、納采、問名、納吉、納徴、告期、親迎等が載せてある」と。(參考)

李晬光（の宣祖時代）王室男子に一伏して、皇室は二姓の好を合はせ、以て宗廟を繼承するのである。故に先賢も廟謁禮に就いて、重んずべきを主張して居る。今六禮及びその他の儀式は、悉く行はれて居るけれども、ただ廟謁禮のみが講じてない。是れは一つの缺點に外ならぬ。若し五禮儀に載せてないものであるから、行ふ必要がないとすれば、親迎の禮は五禮儀に擦る所があらうか、中廟時代に於いて、始めて行はれ遂に聖朝の儀範となつてゐる。而して廟謁の禮は、禮簡中尤も重んずべきである。古禮及び曾典等を參考するに、歴代の帝王悉く之を行つてゐる。それに五禮に完備して居ないと云つて、今尚ほ箇別に附して居るではないか。古禮及び朱子家禮に、三日廟謁の禮を制定されてゐる。今は準備が整つてゐないから、三日の内に實行し得ないと云ふ者もあらうが、これとて、三日の内に行へぬ事もなからう。本朝の士大夫家では、多くこの禮を行つて居るから、今若し朝家より之を斷行すれば、ただ朝家の威儀となる計りでなく、永遠の定法として扱はれるであらう。請ふ聖明は遠かに禮官をして諳完せしめ、實行する樣にされた

二、庶民の婚制

（1）親迎行はる

朝鮮の風俗に、妻を娶るを入丈家と云つてゐるが、丈家は

李能和,「朝鮮に於ける王家及び庶民の婚制」,『조선』170호 (1929.07.01), 39쪽

き、昔し魯哀公が、冕で親迎したのは、餘り重んずるのではないかと問はれたが、孔子は、二姓の好を合はせ、以て先聖の後を繼ぎ、宗廟社稷の主になるのであるから、當重にせねばならぬと答へて居る。今はその時代と異なわけれども、正禮は廢すべきでない。

今親迎の禮を行ひ、以て重んずべきことを臣民一般に示したいが、如何であらうかとふはれた。領相鄭光弼は二祖宗朝には、親迎の禮がないから、臣等の愚見には、五禮儀に依つて之れを行ひたいと云つた。王は、「余が、五禮儀を考察するに、他の條例は其備して居るけれども、たゞ親迎に闘する事のみ說いてない、余が思ふには、上で親しく行へば、下自ら倣ふであらう。故に弘文館へ命じて、博く古禮を考究せしめよ」と。

直提學李稅等は、諸家の議論を綜合し、左の如く炎上して居る。程子は「先備等が悉く諸侯に親迎する事を勸めてゐるが、親迎するこは、館所に於いて迎ふるのである」と。胡寧は「天子は、天下の至高者で、王后は、共に天地宗廟に事へ萬世を繼ぐべき重要なる地位にある。それ故婚談が成立すれば、分嗣等は、王女を京師へ遂り豫め設けられた館所に於いて休憩すると、天子は親しく之を迎ふる」と。朱子は「古に天子が后の家へ親臨して、婚禮を行つた規定がないから、后の家の闘遊へ、臨時の館所を設け、そこに於いて婚儀を行ふ事にするか、或は中途に后家の出張所を設け、婿はそこまで行つて新婦を迎ふるのが例である。國家の五禮儀に、たゞ世子の親迎を述べて居るの處で、王妃の事に就いて說いてない。それは、天子の事であつて、別に類例を設けぬ願りであつたらしい」とある。

是れに依つて按ずるに、「天子が館所に於いて親迎すべきであつて、決して后の家へ往きて婚儀を行ふべきでない」と云つて居る。

卿洵は、館舍に於いて親迎する事に付いて建議したが、宋軼、南袞、曺繼商、皐叔圧、丁壽剛、鄭光弼、金應箕、申用漑、權鈞、金銓、尹旬、高荊山、李繼孟等は、之に反對し、五禮儀は即ち先王の憲章であるから、常然それに依つて行ふべきであるのに、豈親迎を以て云々すべきであらうか」と云つた。

李能和,「朝鮮に於ける王家及び庶民の婚制」,『조선』170호 (1929.07.01), 38쪽

たが、其の容貌は甚だ豐かで、一見その德行も想像されるのであつたが、併しその舉動は無作法で、表情も甚だ賤しい點がある。且つ飲食を賜はるこ、指を以て亂暴な食ひ方をして居たので、宮人は中風病者だこ云つて歸したが、後になつて淑德の夫人であるこが解り、仁祖はその術策に陷つたこを後悔されてゐたさうである。

禁婚令の一例 （附錄）

宣祖辛丑十一月に、禮曹より啓し「宗室の女、李姓家の女、寡婦の女及び卑賤階級の女の外、一般士族家の婚姻を禁止する事に就いて、中外へ令を發布されてゐるが、禁令を發する前、旣に婚約を結び、納幣してゐる者は、前例に依つて名簿を納めるのでなく、その家より本曹へ報告すれば、本曹はそれを檢閱の上許可する。これはたゞ傳聞に係はる事であつて膽錄には何等據る所はないのである。臣等の意見こしては、旣に納幣してゐる者にも、一々許可するこせば、混雜の恐がないこも限らないから、國家の嘉禮が終るまでは、休止せしめたいこ思ふが、如何であらうか」こ云つたので、王は之れに從はれたこある。

（2）親　迎（新婦を迎ふる事實）

李孟休春官通考に依れば、世宗十年甲寅に教へて「婚禮は三綱の本で、家庭の始まりであるから、昔より聖人は之れを重大視し、親迎の儀を制定したのである。それに本朝の風俗は、男が女の家へ歸るこになつて、久しい前から行はれてゐる故に、遽かにこれを革除し得なかつたのである。今より、王子玉女の婚姻は、一切古制に倣つて、人民の行ふ道を開くべし」こ。

中宗七年十月甲申に、政院へ傳へて「本朝の風俗は、男が女の家へ入るのを正式の樣に思つてゐる。それは古禮に違反して居ながら、その由來は久しかつたのである。今より、王子及び王女の婚姻は、悉く古制に從つて行ふべし」こ。

二十年丁丑に、文定王后の嘉禮を行ふ時に當り敎へて「先賢は、婚姻の禮が正しくなつてから、總べての物事が順序に成就するこ云つて居る。宜しく禮官をして、親迎の禮を選定せしめ、太平館を修繕して親迎の場所こ爲すべきである。王は袞服を着用して王妃を太平館へ迎へ、王妃は宣政殿に於いて中外貴婦女の賀表を受けるのである。王は政府の六曹を招

李能和, 「朝鮮に於ける王家及び庶民の婚制」, 『조선』170호 (1929.07.01), 37쪽

是れは、身分不相應の所こは、婚姻すべからずこの意である。王は之れを聞いて大いに怒り、續の財産を没收し、其の子の妻婆を許さなかつた。後令を下して士大夫の子女を宮廷へ呼び集め、親しく揀擇式を行つた云々こある。〔李墍松窩雜記〕

李肯翊燃藜室記述別集「平論」に、李朝揀擇式の非禮であるこに就いて、既に栗谷先生（李珥）は、切言して居るのに、宜祖は終にそれを聞き入れなかつた。王姫が降嫁するに「帝乙の歸妹」に依り、自から正禮があるにも拘はらず、一人の女子の爲めに、國內の少女を集めて三度揀擇を行ひ、一人を選ぶのは、禮儀の邦でありながら、禮意に違反する行事こ云はねばならぬ。況や、王妃、東宮妃、王子夫人を選ぶにも、亦かくの如くし、士族家の處女等を物品扱ひにされるのは、天下何れの國にもその類例がない、是れ太宗朝より行はれて以來、四百餘年未だ革除の運びに至らないのは、洵に慨嘆に堪へない所である。王妃を選擇するには、相當識兒ある宮女をして、先づその家柄、女子の骨格、才藝、應對振り等を一々實見せしめ、愈々滿點の者を入選せしむるが正當である。一國に儀範を示すべき所で、王家こしてかくの如き非禮を行ふべきであらうか。

祖宗朝に於いて君王及び東宮の婚儀を行ふ外は、王子こ雖宮廷に於いて揀擇式を行ふ事なく、女官を各士族の家へ派遣して審査の上選擇せしめたが、今上（宣祖）時代に至り、諸王子の婚儀にも國內に於いての選擇式を行ふやうになつたのは、たゞ先王からの傳例を破る計りでなく、僭越の禍根が、是れより萌芽したこ云ふべきであらう。光廟（世祖）は首陽宮の時代に、未だ吉禮を定めないで、貞熹王后の姉に心を寄せられ、女官を其の家へ出張せしめられた。初め主夫人は、貞熹こ共に出て對坐應接したが、未だ少女の貞熹は短衣童髮で、夫人かう云ふ座席に參列する資格はない」こ云つて、奥へ入らしめた。女官は貞熹の容貌及び行動が非凡であるこを見込みその旨を啓奏したので、遂に貞熹こ婚儀を行はれたその後女官は人を鑑別する識見があるこ、世にたゝへられたこ云々。

公私見聞錄によるに、權氏は京城の或る士族の女である。仁祖が昭顯世子の時代、揀擇式を行ふに當り、權氏も參列し

李能和,「朝鮮に於ける王家及び庶民の婚制」,『조선』170호 (1929.07.01), 36쪽

朝鮮に於ける王家及び庶民の婚制

李　能　和

一、王家の婚制

（１）揀　擇

王家が婚禮を行ふに先立つて、禁婚令を發表するのである。宗室の女、李姓家の女、寡婦の女及び卑賤階級の女を除くの外、京城內外士大夫家の閨發の名簿を作成して之を奏上する而して期日に至るゝ、宮中へ呼び集め、女の父の姓名を席の前に書いて席を定める。これは審査に便利ならしむる爲である。初に揀擇を行ひ、後父その入選者に、再揀擇を行ひ三度目の揀擇に入選したる者を以て候補者に決定し、其の後禁婚令を取消し、嘉禮を行ふのである。

李瀷星湖僿説揀擇條に「李朝が、國婚をするには、始め呼び集めた上、親しく審査するの例がなかつたのである。俗傳に依るゝ太宗が、李繶の子を以て駙馬（公主の夫婿）ゝ爲す積りで媒嬖池和をして、往ゐて勸誘せしめたが、繶は客ゝ棋の戲に耽りながら「草鞋には、草の經緯が適合して居る」ゝ云つた

李能和, 「朝鮮に於ける王家及び庶民の婚制」, 『조선』 170호 (1929.07.01), 35쪽

醜態を演ずる事があり、仍つて婚姻を成し、それを美談奇習こして居るのを發見した。

按ずるに、この民間では、それを默認、或は公然こ行ふて居たからであらうか。李朝朝鮮では、既に百餘年前から、彼樣な淫俗は絶たれて居て、母姓親族も殆んご同姓親類こ同じく思ひ、互に婚姻する事を斷じて許さなかつたのは、唯一の美俗こして推奨すべきである。嘗つて、明の史を按ずるに、中葉時代に、政府より母姓親族この婚姻を禁じ、又既婚者に對しては、悉く離婚せしめたのであるが、是れに由り、隔離された夫妻父子等の怨みは大變であつたので、仕方なく、臺官はその不便を論じて、遂にその禁條を停止するに至つた。娶するに、何事に就いても、從來の弊風又は惡習を草除するには、一時の苦痛を免れない、若し是れを不便であるこ云ひ放任して置けば、その害毒は、益々蔓延するに定つて居る。明の政府の措置は、甚だ惜むべきである」こ。

　（ヲ）　李朝最後の婚姻條令

刑法大全第十一章第十一節、婚姻違反律（刑法大全とは、光武七年より、隆熙四年に至る迄の凡そ九年間使用せられたものである。）

第五百七十二條、同姓同貫である人が、互に婚姻するとか、或は、妾を娶つた者は、笞刑一百に處し、離婚せしむべし。

第五百七十三條、同姓で、服制の無き親族或は、服制の無き親族の妻を娶つた者は、懲役一年、總麻（服制の一）親類の妻には懲役二年に處すべく、妾には二等を減ずべし。總麻・小功（服制の一）以上の親族、或は小功以上親族の妾には、各々姦淫律に依つて判決し、並に離婚せしむべし。

第五百七十四條、母姓親族と互に婚姻する者は、左の條例に依つて處決し、並に離婚せしむべし。

（1）同母異父の姉妹を娶つた者は、懲役五年

（2）外叔父の妾、甥姪の妾を娶つた者は懲役一年半、妾には、懲役一年

（3）婆姿前夫の女を娶つた者は懲役三年

（4）姑従（父の姉妹の子女）、外従（母の兄弟の子女）、或は姨従の姉妹、祖母、或は外祖母の姉妹の子女、己の従姉妹の女、又は子孫の妻の姉妹を娶つた者は笞刑一百に處すべし。

第五百七十五條、本項諸條に據る犯罪行爲が、主婚者に由りたる場合は、主婚者を首とし、男女を従と論すべく、男女の自由に由る場合には、男女を首とし、主婚者を従とすべし。

第五百七十六條、本條令と關聯せる事を知りつゝ、媒介する者には犯人の律に一等を減ずべし。

ら、互に婚姻せぬのである。

（ヌ）　異姓の親族でも互に婚姻すべからず

文獻備考（私婚禮）條に依れば、大司諫金欁寧は、上疏し「同姓を娶らないのは、禮である。本朝の風俗では、異姓の親族でも、その恩義を同姓族と同じく思つて居る。然るに、今再從兄弟（異姓の再從兄弟）この間が、互に婚姻するこは、倫理上よろしくない、請ふ、有司に命じてそれを制限せしめたい」云々。

（ル）　母方親族と姻婚すべからず

李瀷星湖僿說に依れば「朝鮮俗に、母方親族を同姓親類の様に思ひ、其の兄弟姉妹と婚姻せない事に就いて、或者はそれを野蠻の風俗であると諷刺して居る様だが、甚だ不穩當である。父母の喪に、三年間服するは、その恩情が至極頑き故である。父の恩を推し百代と雖も婚姻せないから、これを母家の服制ある親族に適用するは、恐く合理的であらう。周の禮を按ずるに、舅姨の子女間に悉く服制を有するは、互に親しむるのである。親族と視ながら、それに婚姻を許すこは未だ嘗つて三禮經にそれを察し得ない所である。婚禮は殷湯の遜制であつて、易の泰及び歸妹に見へて居るから、周と雖も亦たそれを利用して居る。殷は白色を尚びて居たから、婚禮に、白馬を用ひたので、實の六四に「白馬翰如、匪寇婚媾」に説いて居るのである。孔子は宋に行き、坤乾と訂正して居るが、坤道は母道であつて、禮を制定するにも亦た坤道を以て重要の地位に置かしめたので、父と母とは、何等擇ぶ所はない。それ故殷禮に、母姓族と雖も、亦た恩誼を推及して、同姓族と同樣視するは、常然理窟が立つのである。朝鮮は、箕子が創業せられた地であつて、白衣、井田、婚姻、其の他の良俗は、多く殷の制を尚用し、殊に倫理の教が普及されて淫猥なる風習が其の跡を絶つこになつたのは、天下の誇りだと云ふべきであらう。中途に至り、高麗氏の淫俗は甚だ遺憾であつた、本朝は受命以來銳意それを芟除する事に務めた。

又星湖僿說東國美俗條に依れば「種々の美俗中、尤も嘉尚と云ふべきは、母姓親族と婚姻せないことである。中華の小説等を考察するに、異姓親族の男女が、幼少の時より、互に接近し、一緒に遊戯等をして居た關係上、其の中に、色々な

李能和,「朝鮮の結婚に關する慣習」,『조선』169호(1929.06.01), 92쪽

國の蘇氏は、最初昆丘樊より出たが、河內の蘇氏は、周の司寇盆生を祖先とし、扶風の蘇氏は、漢の平陸侯建を祖先として居て、天下何れの蘇姓族も、今日に至るまで互に婚姻をしなかった。前にも述べた通り、今は貫が異なる様であるが、前代では確かに同血族でなかった事を、何で證明し得らる〻であらう。余は深く感ずる所あつて、これを現はし、以て世を誡むのである」云々。

按ずるに、近代の宰相金炳始の子は、輔國金永壽の孫女を娶つた、貫鄕が異なるではあらうが、その禁止が徹底的に行はれて居ない事を知るべきである。その他民間に於ける婚姻を見るに、殆んどその禁條を無視してゐる樣である。

（チ）同貫の異姓が互に婚姻せぬのは
　　　同子孫である故である

（高麗）李穡牧隱集に、權の姓は、金幸より始まつて、後新羅の大姓族となつて居る。高麗太祖が、卽位後新羅を攻め撃ち、福州に至つたが、幸が抵抗し能はざるを知り、城を開けて降添したが、太祖は大いに喜び「幸は、權略のある人だ」と云つて、權の姓を賜はつた。

又松洞貳録に「金幸は、素、新羅の宗親で、古昌（安東の國縣）を守護して居た所、高麗太祖の軍を歡迎するから、太祖は、この權變に達して居る事を知り、太師を拜命し、籍を安東（族の一派の籍を又醴泉に罷かしむる。）に罷かしめた」云々。

かう云ふ事がある故に、安東の金、安東の權、醴泉の權の氏族は、今にも互に婚姻をせぬのである。

（リ）異性異貫でも互に婚姻をせぬの
　　　は是れも亦た同子孫であるから
　　　である

（例の一）李朝の近代、金左均撰松洞貳録に、許筠識小録を引用し、「金海（洛國）の首露王は、金の盒より生れたとて、金を以て姓と爲し、許黃玉を娶り、普州太后と號したが、九人の子を産んだ。后はその中の二人の子を、許の姓と爲たいと云ふから、王は之れに從はれた。金海金氏と、陽川許氏とは、互に婚姻せぬのである。

（例の二）淸州韓氏と、幸州奇氏と、太原鮮于氏とは、何れも箕子の後裔である故に、互に婚姻せぬのであつて、全州車氏と、文化柳氏とは、柳車達（高麗太祖の功臣である）の後孫であるか

李能和, 「朝鮮の結婚に關する慣習」, 『조선』 169호(1929.06.01), 91쪽

漸次寶行されて来たので、今は殆んど正當な風俗の樣に思は
れてゐる。元來是れ禮の本意ではないけれども、又大した害
もなからうこ思ふ。異姓近親族の婚姻に就いての主張論は、
一時世間が沸騰する樣な勢ひであつたが、その後甞同する者
がないから、自然こ沙汰止みになつたのである。是れは、李
朝時代特有の美俗こ云はねばならぬが、何で此の淳朴なる良
風を毀破して、中華の制に從はんこするのであらうか。

（へ）　異貫同姓間の婚姻を禁ず

顯宗十年己酉に、判中樞宋時烈は、上言し「妻を娶るに、
同姓の者を娶らないのは、禮である。今の國俗は、婚姻をす
るに、同姓ご雖も、若し異貫であれば、それを樞はない樣で
あるから、請ふ今後はそれを禁斷せしめたい」ご云つたが、
王は、之れに從はれたのである。（參官通考）

文獻備考に「顯宗十年に、令を發し、同姓（異貫）の者が、互
に婚姻する事を、禁じたのである」こ。

（英宗二十年）　續大典婚姻條に、姓の字が、同じければ、
貫鄕が異つても、互に婚姻し得ない。

（ト）　異貫同姓間の婚姻は禁ず能はず

（英宗時代）　李種徽修山集に「凡そ婚姻は家庭の始まりで
倫理上大いなる事であるから、禮儀に由りて行はねばなら
ぬ。戰爭がある世に於いて、士族家等の系譜が多く紛失され
て居たから、今は異貫同姓の間柄であるけれども、前代に於
いては立派な同姓族であつたかも如れない。近世に至つては
儒賢の建議に由り、それを禁じて居るけれども、民間では、
何等影響がないらしい。それ故であらうか、中國の史家等は
本朝の變俗であるこ云つて、非常に諷評して居る。遙かに之
れを禁防して、愈々紊れない樣にせしめたい」云々。
李種徽又云ふに、朝鮮は素から文獻が少なかつた爲めに、
所謂巨姓族の往昔に於ける系譜は、甚だ曖昧である。貫鄕が
異なるこ云つて、同姓間で婚姻する事が、漸く多くなつて來
た。甚しきは、本朝の或る宰相が、是れに由つて中國の使臣
に云々されて、國家より姓を賜はり、漸く解決をつけたので
はないか、最近儒賢の建議に由り、令甲を全國へ發布し、嚴
に禁じて居るけれども、或は、從來の習俗に慣れてゐる故か
容易に改めないのは頑陋ご云ふべきであらう。或は、是れに
由り、更に高麗の風俗を踏襲する事に至るやも知れない。中

李能和,「朝鮮の結婚に關する慣習」,『조선』169호(1929.06.01), 90쪽

に、貴の異なるを異姓と認むるから、李は李と、金は金と婚姻をする。此は、古禮ではないけれども、暫くその儘行ふより仕方がない、併し同姓同貫との婚姻は、全國中何れの處にも行はれてゐない事で、此の郡の人民計りが犯して居るとは、他に對して面目がない程に、敗頽せる風俗だと云はねばならぬ。今後よりは嚴にそれを禁斷すべく、若し違反者あらば、官より處割するは勿論、鄉黨士族等からも、亦たその罪を聲討し、大いに排斥せねばならぬであらう」云々。

（正宗時代）丁若鏞與猶堂集偶錄、同姓不婚條に「堯舜は、初發（喪服制のなきこと）親族でありながら、二人の女を降嫁せしむるは、公然と同姓婚姻を爲したのである。姓氏を以て區別をつけ、百代後と雖も、互に婚姻せないのは、周の制法であつて、殷夏以前は、何等の制限もなかつた。高麗王家に、血族婚姻が隨分あつた樣であるが、併し漢の惠帝が魯元の女を娶つたのも、亦た同姓結婚と云ふべきであらう。宜嗣朝より儒臣に命じ、博く前代の史記を考察せしめたが、ただ唐の昭宗時代に李茂貞が、公主に尚した事があつたのみである。併し茂貞の本姓は、宋で、李姓は賜はつたのであるから、それは同姓と云へないであらう。魯昭公は、呉姫を娶つたが、春秋にその姓を諱して呉孟子と云つて居る。朝鮮で金と李との様な大姓族は、但だ本貫が異なるとて、互に婚姻するとは大なる非禮と云はねばならぬ。

（正宗時代）鄭東愈晝永編に、同姓を娶らない事は、周の時代より始まつたのである。蓋し聖人が禮を制定し、以て民俗を善導するが爲めである。所謂同姓とは姫姓族が、稷と同じき祖先とし、子姓族が、契を同じき祖先とする様なものであるから、若し稷の後孫でない者が、姫の姓を爲し、契の後裔でなくして、子の姓を爲す者があるとせば、魯と宋との王族であつても、互に結婚して羞支へなからう。故に、朝鮮の士夫家でも、同姓異貫であれば、遠慮する事なく、互に婚姻したのである。それに近頃は一人の儒者が論を立て「異姓男女なら、外叔の子の兄弟姉妹でも、互に婚姻して何等不可の事はない、朱子もそれを行つて居るではないか、本朝（朝鮮）の殊に異姓親族間の婚姻を制限して居るのは、却つて陋劣な風俗であると云はねばならぬ。遠かに中華の制に從ふべし」と云つて居る。然るに、異姓親族間の制限說は、その時代より

李能和,「朝鮮の結婚に關する慣習」,『조선』169호(1929.06.01), 89쪽

たるに由り、始めて姓氏を制定したのである。併しこれは官職のある士族に止めたので、一般の民庶には、それが普及されてゐなかつた。高麗が、三韓を統一してから、中國民族に倣ひ、始めて姓氏を八道へ頒布したので、人民は悉く姓を有するこになつて居る。併し姓を頒布する前は、派族が各々違つてゐる故に、ただ同貫を擇んで同姓と爲し、若し他の郷邑の者であれば、姓は同じくあつても、親族扱ひをしないで互に婚姻することを禁じなかつたのである。

（賓祀時代）、李晬光芝峯類説に「血族と互に婚姻せないのは禮であつて、昔はその姓を知らねば卜ひをしたのであつた。それに、高麗時代では、國王として敢へて血族婚姻をして居たから、況んやその下にある民庶をや、本朝の士大夫家は、婚制に就いて餘程禮法を盡して居た。但し姓の字が同じでも、氏貫が違ふから、それを構はないで婚姻したが、却つて華人より笑はれたのである。余は玉堂に居る時代、命に依り歷代駙馬の姓氏を考察して見たが、唐の順宗時代、李茂貞が公主に尚した事あるのみで（茂貞の本姓は宋であつて、李姓は帝より賜はれたのである）その外同姓の者は一人もなかつた。

（仁祖時代）鄭經世愚伏集に依るに「余が府使として江陵一郡へ諭す」この文中に「本府は士子が多いので、風俗の美は道内の模範としてゐて、素より文獻の郷と稱ふる。本職は、着任以來、實地にこれを見聞し、甚だ欣悦に堪へない。若し出來ならば、諸父老士子を一堂に集め禮法を講明し、以て一般に徹底せしめ、之を果すのが心からの願である。不幸にも病氣の爲に未だ實行に至らないのは歎く外はない。近日側聞に依れば、閭閻士族の家で禮儀に背く醜惡事が行はれてゐると云ふが、此は從來の習慣に依つて、不知不識の間に、非禮に陷るので、幾分か事情を酌量すべきであらうが、文獻の郷として恥づる所である。余はその中一番不都合であると思はれる事を摘發して左に掲げ、以て諭達するのであるが、今後は、嚴に禁斷すべく、その他の事にても、漸次改良し、以て民俗をより高尚に、且つ優美に向上せしめたい」云々。

世代の變遷に由り、次第に祖先は、久遠こなり、子孫は殖へるから、終には他人の樣に思はれる、けれごも血筋の本系は、但だ一つのみである。それ故に、聖人は禮を制定し、同親族から百代後でも、互に婚姻する事を制限して居る。國法

李能和,「朝鮮の結婚に關する慣習」,『조선』169호(1929.06.01), 88쪽

と習成されて、遠く新羅・高麗を凌駕し恐らく何れの國よりも優つて居ると云ふべきであらう。魏書に、高祖承明元年に詔書を發布し「淳朴なる風俗は、上古に行はれ、文化的禮俗は、近代に發展されて居る。それで、夏殷は三族間の婚姻をも、嫌はないで居たが、周代に降つて、始めて血族婚姻の風習が絕つて居る。此は、時代の進運に依り、それぞれ適宜に政治を行ふからであらう」と。漢の白虎通に「人間が、姓氏を有するは、親親の禮を厚くする許りでなく、婚姻をするに民族の異同を區別し以て、倫を重くするが爲めである」と。是れに依りて見ると、血族婚姻は、上古原始時代の行事であつて、文化が漸次開けて來た近代に至つては、到底許容すべき事でない。李朝以來の物質文明は、以前より非常に衰退して居るけれども、倫理については、朝鮮の學者が、自から禮儀の邦である事を誇りとして居る。

（ホ）同姓異貫は血筋が違ふので
　　　互に婚姻すべきである

李孟休春官通考に、本朝（朝鮮）の所謂地位のある巨族と雖も、高麗以前はその血統が、甚だ不明に屬して居た。李氏族の貫鄉も、現には隨分その部類を分つて居るけれども、最初は同一源であつたかも知れない。嘗つて壬辰亂に、相國李德馨は接伴使として明の將軍に隨ひ、軍營へ出入して居たが、軍の上下は、公の風采及び器量の潤達に心服する者が多かつた。所が、李山海の婿であると聞いて「此は、本當夷膚の風俗である、李公が若しかくの如き行爲をしなかつたならば、何んで、立派な人格者だと云はないであらうか」とある。按ずるに、李德馨は廣州李氏で、李山海は韓山李氏である。姓は同じであるけれども、貫は素より違つて居る。故に婚姻したのであつて、朝鮮の風習としては、何等差支あるはづがない。併し、外國人として見れば、同一姓であるから、或は同親族の婚姻ではないかと疑はれるのも、亦た無理ではない。

英宗時代、靑莊李重煥八域誌（一名は擇里誌とある。）に「朝鮮の士夫は、皆本國在來の苗裔である。但し箕子の後孫鮮于氏、高句麗高氏、新羅の朴・昔・金の三姓及び駕洛國金氏は、何れも王者として、自からその姓を命じたので、是れが貴族となつて居る。新羅末葉よりは、中國と交通が出來、文物を交換し

李能和,「朝鮮の結婚に關する慣習」,『조선』169호(1929.06.01), 87쪽

するので、それを征伐すると、悉く深山或は遠方へ逃げ出すから、それを防禦父は平定するに、殆んどその方法に窮してゐる。漢唐以來此の族類と多く婚姻を結び、以て彼の心中を緩めて居たが、この前歸化した野人に對し、甚だしき冷遇をしたのは、鄰族を愛撫する本意に違反して居る。本朝の禮樂文物が例へ中國と對等する程に開けてゐても、亦た東海外に僻在の國であつて、何で北方の人を虐待すべきであらうか。今後若し、野人より歸化する者あれば、その族閥に依り、三等に分けて、一二等は士大夫の家と、三等は平民の家と、婚姻を爲さしめ、その他三軍良等の野人は、その附近の士族と、それぞれの等級に依つて、婚姻せしめたい」云々とある。

（八）尊卑親族間の婚姻を禁ず

大明律に「婚姻中服制のある、尊親族又は卑幼等が、共に婚姻する者、又同母異父の姉妹を娶る者は、姦淫罪を以て論ずべし」とあり、「その父母の姑舅、姨母の子の兄弟姉妹、外甥女、女婿及び子孫の妻の姉妹等とは婚姻し得ない。若し違反する者あれば、各々杖刑一百に處すべし」と云々となる。

（二）親類の妻妾を娶るべからず

大明律に「凡そ同宗であつて、服制のない親類と雖も、その妻女を娶る者は、各々杖刑一百に處すべく、若し總麻（服喪の一）親族の妻及び舅、期の妻を娶る者は、杖刑六十と、一年の流罪に處すべし」と。小功（喪服の一）以上の親類であれば、姦淫罪を以て論ずべく、既に離婚された者、又再嫁して居る者を、妻妾とし娶る者は、各々八十の杖刑に處すべし」と。父祖の妾、又は伯叔母を、妻妾とする者は、各々斬刑に處すべく、亡兄の兄嫂、又は亡弟の妻を娶る者は、各々絞罪に處すべし」と。但し妾は、各々二等を減ずる事。同宗の總麻親族以上の者、又は祖父母の女の子の兄弟姉妹と婚姻する者は、各々姦淫罪を以て論じ、並に離婚せしむべし」云々とある。

按ずるに、李氏朝鮮は、明と共に勃興し、仍つて明の法律を借用して、血族婚姻に嚴格の制限を加へて居るに依り、孔敎の倫理は、益々闡明されて居る。のみならず、一歩を進めて、同貫異姓、又は異貫同姓と雖も、互に婚姻をせぬやうになつて居る。若し一時の奸通であつても、相避罪を犯したと云つて、天下に容られぬ樣になる。五百年以來の禮法は蠱性

李能和, 「朝鮮の結婚に關する慣習」, 『조선』169호(1929.06.01), 86쪽

（百僚をして、女のある民家を、密告せしむ）悉く元へ進獻することにしたのであつた。

忠宣王元年に、元へ使臣を遣はし、許多の處女を送つた。忠肅王四年に、王は、元の營王の委托に依り、親しく處女を選擇せしめたのである。その外諸王宰相及び使臣等が、それぞれ處女を要求して來た。又國家が元帝に私獻する例もあるから、士大夫等が、女を生んだら、極秘に附して、親戚と難も遇へないことにしてあつた。七年及び十一年に、元より使臣を遣はし、處女を提供せよと要求した。

忠惠王元年、四年、六年に、使臣を遣はし、多數の處女を要求し來た。

(12) 李 氏 朝 鮮

(イ) 王家及び宗親は血族婚姻を廻避する

男は十五、女は十四になれば、婚姻する事を許し、宗室では、その子女の年齡（既婚及び未婚をも含む）及び家主の姓名職業等を具さに記し、宗簿寺へ報告すると、宗簿寺はそれを受付け、以て上啓したのである。（典律通報婚嫁條）

六典條例禮典に、大婚を行ふ時には、處子等の婚姻する事を禁ずる。但し限外を以て、許されて居る者は、別に人名簿を添へ上奏すべし云々。公主翁主等が降嫁せらるゝ時に、婚姻の禁止を命ぜられた者の外は、婚姻する條件を具備して寫奏あるべしと。（國姓及び貫が同じくない李氏と、大王大妃の同姓は、その從兄弟姉妹に限り、王大妃の同姓は、その再從兄弟姉妹に限る。）

(ロ) 國民の血族婚姻を禁ずる

大明律（婚姻條）に、血族婚姻する者は、杖刑六十に處し、離婚せしむるこある。（李朝では、大明律を借用して居る。）（國姓及び貫の同じくない李姓と異姓親であれば、再從兄弟姉妹の間は婚姻し得る。）

異民族と婚姻する方策 （附錄）

世宗九年丁未の四月壬戌に、禮曹より啓し「間々の徒は、服裝が違つて居るから、國民一般より、異民族視され、互に婚姻をせぬ樣である。請ふその服裝を變更せしめ、以て普通の人と同じくすれば、隨つて彼等との婚姻を勵行されるであらう。（實錄）

世祖時代に、梁誠之は便宜の事二十二個條を上奏したが、軍國便宜條に「野人（女眞）は、屢々國境へ侵入し、掠奪を恣に

李能和,「朝鮮の結婚に關する慣習」,『조선』169호(1929.06.01), 85쪽

忠烈王妃齊國大長公主の名は、忽都魯揭里迷失で、元世祖

皇帝の女であるが、元宗十五年、忠烈が世子の時代、元に

在中妃と爲したのである。

忠宣王妃薊國大長公主の名は、寶塔實鱗で、元晋王甘麻剌

の女であるが、忠烈王二十二年、忠宣が世子の時代、元に滯

在中妃と爲したのである。

忠肅王妃濮國長公主の名は、亦憐眞八剌で、元營王也先帖

木兒の女であるが、忠肅三年に、王が元へ旅行中娶つたので

ある。

忠惠王妃德寧公主（伯顔忽都公主）の名は、亦憐眞班で、元鎭西武

靖王焦八の女であるが、忠肅十七年に、忠惠が、元に滯在中

妃と立てたのである。

恭愍王妃魯國大長公主の名は、寶塔失里で、元宗室魏王の

女であるが、忠定王元年に、恭愍が（江陵大君）元に滯在中

娶つたのである。

（ホ）　高麗の貢女は、蒙古の帝后となる

忠肅王十五年戊辰に、元は貢女金氏を立てゝ后と爲たが、

化平君深の女である。

忠肅王元年庚辰に、元順帝は、高麗貢女（宮女）奇氏を立

てゝ第二皇后と爲たが、幸州奇子敖の女である。

（へ）　高麗人の女が蒙古人に嫁ぐ

高麗元宗十五年甲戌に、元は使臣を遣はして蠻子婦を求

む。宋の襄陽府軍が、女子を要求するので、元は媒聘使倚都

を遣はし「無夫女百四十人を、是非提供せよ」と云つて、急

に催促するので、結婚都監を置き、閭巷の處女を探索せしめ

逆賊の妻と僧人の女をつ以て、漸くその數を充し、蠻子（元の

人は、宋の人を指して發人と云ふ。）に分與して、北方へ歸遷せしめた。是れよ

り前、達兮花赤等が、宰臣の家へ婚談を申込み、無理に結婚

を迫つても、王はそれを拒めなかつたのである。

忠烈王元年に、太府卿朴褕は、上疏し「異國人が來て妻を

娶るに、殆んど制限がない樣である。之れを放任して置け

ば、或は、人物が皆北方へ、流れて往くのでなからうか、憂

慮に堪へない」と云ふて居る。二年には、元は使臣を遣はし

幣帛を賫らし、歸附軍五百人の妻となすべき女子を要求した

ので、王は、推刷別監を各道へ派遣し、寡婦處女等を集めし

められた。又、二十四年及び二十六年に、民間の處女を選び

204

歴代帝王に事へて居たが、その中で宋と明のみを、特に崇拜して中華或は華夏と云ひ、その文物制度を天國の様に仰ぎ（朝鮮が中華を天朝と稱へたのは新羅と高麗より始まってゐる。）自から小中華に處して居た。（歴宋時代に朝鮮の使臣の下馬する處を小中華館と題して居る。）遼・金・元の時代に至つては、その勢力に壓迫され、止むを得ず臣服して居たけれども、實はそれを夷狄視して韃靼或は胡元と稱へ、本より我と同種族である事は知らなかつたのである。併し所謂宋氏文化とは、高麗末葉朱子學に係はる小部分の外に、何等影響を及ぼして居る所はなかつたのである。それに却つて胡元より孔子の倫理に付き云々され、高麗氏をして同姓結婚の禁止を自から行ふに至らしむるは、是れ所謂夷に學びて華に變化した奇現象であると云はねばならぬ。然れども、高麗恭愍王が王氏を立て益妃と爲したのを見れば、その王室の血族婚姻は、依然と變革されてゐない事を推察し得るであらう。

(一) 民間に於ける血族婚の禁止

文宗三十五年に、吏部尙書權顯等は奏し「往年に、進士魯隼の父が律令を犯し、親近族と婚姻して居たから、その生れた子を終身禁錮に處せられん事を請ふ」と云つたが、王はそれに從はなかつた。宰相文正等は議して「隼の父は、不正なる結婚を敢て行ひ、倫理を紊して居るのは、甚だ不穩當である、併し今儒者を貴崇して、人材を登用するのは、何よりも急務であるから、請ふ官職を授けたい」と云つたが、王は之れに從はれた。（東國通鑑）

毅宗元年に、功臣の血族婚姻を禁じ、禁ずる前に生れた子には、禁錮律を施さなかつた。（高麗史）

文獻備考に依れば「異母の姉妹及び近き親類と結婚して生れた子は、悉く禁錮律に處した」とある。

按ずるに、進士魯隼の父の問題に就いて、朝廷より上疏して居るのを見れば、血族婚姻は、禮意に反して居る事を宜く知つて居る樣である。併し遽かにそれを變改し得ないのは、從來の習慣に捕はれて居るからであらう。況んや上にある王家でそれを行つて居るから、下の一般民庶は如何であらうか、李朝時代に至つては、一擧にそれを打破し、同姓結婚は勿論、異姓の親戚にても、それを制限して居るのは美俗であると云はねばならぬ。

(二) 高麗王族と蒙古王族との婚姻

李能和,「朝鮮の結婚に關する慣習」,『조선』169호(1929.06.01), 83쪽

いか。是れで先王等が禮を以て制限を加ふるは、深甚の意味が含まれて居ることを知る、その婚姻制度が、既に不合理であるのは云ふ迄もない。併し子孫が繁殖しないのも亦理由がある、國制に宮女が君王の愛幸を得て、子を有しても、悉く髮を切つて僧侶となる、それをを小君と云つて、王の嫡子と雖も、そう云ふ事が多かつたのに、種族が絶滅に至らなかつたのは、幸と云ふべきであると。

李種徽修山集に「新羅高麗は、何れも血族婚姻をして居て所謂王族階級が盛んに之れを行つて居るから、その下の民俗も亦た察せられるであらう。高麗の德宗は、一日に二人の妹を妃と爲し、光宗・文宗は何れもその妹を妻と爲してゐる。一國の元首として、敢へてこう云ふ事を憚らないであらうか、世の傳へに「王氏は、素より龍の種族で、その腋の下に一つの鱗がある、太祖は、その種を他の氏族に傳播せしめぬ積りで遂に血族婚姻を奬勵して居た」云々。

依つて按ずるに、高麗太祖は、三韓を統一し、文物制度を皆新羅より傳へ受けてゐたから、王室内の血族婚姻も亦たそれを模倣したのであらう。併し龍種云々の說は、それ餘り虛誕に屬し、信認すべき說でない。

（ロ）　王族及び文武兩班血族婚姻の禁止

忠宣王が即位の始め、詔書を發し「世祖（元世祖）の聖旨に、「血族婚姻は、當然禁ずべきである、況んや、爾の國は文字を會得し、且つ孔夫子の道を行つて居るから、自然とそれが變革されるに違ひなからう」と懇篤に云はれてゐるにも拘はらず、本國は因循として、未だ遽かに革除せないのは、大なる恥辱と云はねばならぬ、今より宗親の中で、若し同姓婚姻をする者あらば、それは聖旨違反者と認むる外はない、今後は世臣の家で血統正しき者を選擇して互に婚姻すべく、例へば「新羅王孫金暉、彥陽金氏一宗、定安太后一宗、慶源李太后、安山金太后、鐵原崔氏、海州崔氏、孔巖許氏、平康崔氏、清州李氏、唐城洪氏、黃驪閔氏、橫川趙氏、坡平尹氏、平壤趙氏等は、代々勳功のある宰相の家であるから、王族と互に婚姻して宜からう、その他文武兩班の家でも、亦た同姓婚姻は禁ずべきで、母の生家の從兄弟姉妹とは、結婚して差支へなからう」云々。（高麗史の忠宣王の世家記）

依つて按ずるに、高麗氏は趙・宋及び遼・金・元・明等の

李能和, 「朝鮮の結婚に關する慣習」, 『조선』 169호(1929.06.01), 82쪽

妾を妃と稱へて居る。今睿宗は、一度に二人の妃を立てながら、關雎の古例に倣つて云々するは、その家風がごれ程紊れて居るかが察せられる。

仁宗二十一年癸亥の四月に、宗室の女を納れて、王子の妃と爲し、金氏と稱へて居るが、江陵公溫の女である。明宗十年夏六月に、王は二人の公主を大内に納しめた。愛妾明春が死んだので、王はそれを非常に憫まれ、哀悼詩を吟じて自から慰めて居られたのである。王は固より、虚弱なる體質で、加ふるに屢々災變を經過せられたので、輙もすれば恐怖心を起し、軍國の總べての機務も、悉く武臣に牽制されてゐた。徒らに、女色を貪り、内殿に五人の愛妾を置いたが、その中純珠と明春とを、最も寵愛された。不幸にして二人の寵姫が續いて死んだので、宮中は一時に寂寞を加へた。それで今度迎禧と壽春この二人を迎へたのである。

二十七年丁巳に、宗室の女を迎へて妃と爲し、金氏と云つたが、是れは江陵公溫の女で、後宣靖王后となつた。熙宗七年辛未の四月に、宗室の元妃を冊立して、咸平王后と爲し、姓は任氏と云つた。

康宗元年壬申冬十月に、宗室信安侯珹の女を迎へて王妃と爲し、姓を柳氏と云つたが、後元德太后となつた。高宗五年戊寅の四月に、廢王（宗熙）の女を立てて妃と爲し、姓を柳氏と云つた。二十一年甲辰春の二月に、宗室の女を迎へて、太子の妃と爲し、柳氏と稱へたのである。前妃金氏は、孫諟を産んで卒去せられたので、更に新安公佺の女を冊立したが、即ち慶昌宮主である。

元宗元年秋の八月に、宗室新安公佺の女を冊立して王后と爲し、姓を柳氏と云つた。秋九月に、宗室孫始安公綢の女を冊立して太子の妃と爲し、貞和宮主と稱した。又長公主を齊安公淑に降嫁せしめたのである。

星湖僿說に「高麗の血族婚姻は、惠宗が長公主をして王弟昭の妻と爲したのが嚆矢である。血族婚姻は、第一生殖が繁盛しないと云つて、史臣等が大いにその不可を論評して居たが、事實が立派にそれを證明して居る。五百年間の世代を傳へて居るに、その後裔は、數十人に過ぎないと云ふのではな

李能和, 「朝鮮の結婚に關する慣習」, 『조선』 169호(1929.06.01), 81쪽

事を勵行せしむるのである。高麗は新羅の遺風を博へ受けて、同姓結婚を少しも非と思はない計りでなく、光・德・文の三王は、姉妹を以て、妃と爲したのは、人道すたれ、大理が滅されて居て、讃炎と雖も、却つて恥づる所であらう」と云つた。文宗は、即位後内戌に、妹を立てて王后と爲し、姓を金氏と云つたが、是れが仁平王后であつて、元成太后の女である。宣宗三年内寅に、王の妹積慶宮主を、王の弟扶餘侯璲の妃と爲したのである。王の弟金官侯冰、卞官侯愔、辰韓侯愉等が、それは不可であると論爭したが、王はそれを聞き入れなかつた。

崔氏は、許すらに「聖人は、禮を制定して、同姓間の婚姻を許さないのは、倫理を正しくして、秩序を保たんが爲である。新羅の初めは習俗甚だ野鄙であつて、從兄弟姉妹間が、互に婚姻するのを恥と思はなかつたが、唐に事ふる以後禮俗が輪入さるるに從ひ、その蠻風が漸々廢れる樣になつたのである。それに、高麗王族の家風は、新羅時代よりも、一層酷かつたと見へ、兄弟姉妹間の婚姻が公然と行はれて居る樣だ

が、臨時に姓氏を變更して、臣下の耳目を掩はんとするは、痛惜に堪へない所である」と云つてゐる。容宗元年内戌の六月に、宣宗の女を立てて妃と爲し、姓を李氏と云つて居る。それより前、宰輔は屢々王妃を立てることを請ふても、王は、喪中であるからと云つて許さなかつたが、今度突然に宣宗貞信賢妃李氏の女、延和宮主を立てて妃と爲し後敬和王后と云ふ、容儀甚だ淑麗で、王は特に寵愛された。

十六年辛丑春正月に、王氏と崔氏とを並に妃に立てたが、王氏は、辰韓侯愉の女で、崔氏は參政瀷の女である。王妃を立てる前に、王は詔書を發して「帝王が、政事を理するには群臣の協力を得し、始めて國家の幸運を圖ることが出來る。併し家庭では室人の輔助が要求される。今闘雎好仇の例に倣つて、辰韓公の長女と崔大卿の季女を、内職として納めしめたいが、有司は禮に據つて名位を決し、以て聞せよ」と云はれたので、有司は王氏　貴妃と、崔氏を淑妃と定めて奏上した。

俞氏は、許するに「高麗の制に據れば、本妻を后と云ひ、

ただ懾忍自重して、規を優遇する計りであつた。或日司天供奉崔知夢は「昨夜天氣を察するに、流星が紫微に犯して居たので、國に逆賊の陰謀をする者が居る樣で心配に堪へない」と奏上した。王はそれは堯と昭との規に對する反動行爲であるこを察せられ、長女を以て昭の妻と爲し、その心を和らげられたのである。公主は、母の姓に從ひ皇甫氏と稱したが、その後の同姓結婚者は、悉く母の姓を冒稱して居た。鄭麟趾氏は、之を評するに「太祖は、古今の法例を折衷して、民俗を敎化せしむるに、心力を盡して居る。併し在來の慣習に捕はれ、子女等が血族婚姻するのを公然と許し、母家の姓を冒稱せしむるから、その子孫は、正當なる家法と看做して少しも怪異と思はぬのは（高麗の公主尊を按ずるに、太祖の子女の間に血族婚姻をした者が多かつたと）（安鼎福東史綱目。）

光德元年に、光宗（諱昭）は、妹を立てゝ皇后と爲し、姓を皇甫氏と云つた、卽ち太穆王后である。

景宗は、叔父の女旭を迎へて妃と爲し。皇甫氏と稱へた、卽ち獻哀王后である。

成宗は、文德王后劉氏を娶つて妃と爲した。劉氏は、光宗の女であつて、母の姓を冒稱したのである。初めは、太祖の孫弘德院君に嫁したが、後成宗の妃と爲つた。崔氏は之を評するに「成宗は、所謂文德の君主として、妃を迎ふるに、三つの失策がある。劉氏は從姉妹であるのに、母家の姓を冒稱せしむるのがその一で、既に宗室へ嫁したのを、更に妃と爲したのがその二で、不品行の者を立て、宗廟の主婦と爲したのがその三である」と云つた。

顯宗は、卽位後己酉五月に、成宗の女を立てゝ王后と爲し、金氏と稱したが、是れ元貞王后である。後又成宗の女を迎へて、常春殿と稱したが、是れ元和王后である。

德宗は、卽位後辛未に、王氏を立てゝ妃と爲し、賢妃に封じた。三年甲戌の二月に妹を立てゝ王后と爲し、姓を金氏と云つたのである。元顯淑妃金氏（敬成王后）と、又元恐太后金氏の女（孝思王后）を立てゝ妃と爲したが、何れも顯宗の女である。

俞氏は、評するに「人間が禽獸と異なる所は、人倫があるからであつて、人倫の本は男女の配合に始まるのである。それ故に、聖人は之れを重んじて婚姻は異姓との間に爲すべき

李能和,「朝鮮の結婚に關する慣習」,『조선』169호(1929.06.01), 79쪽

に嘉實と云ふ少年があつて、貧困生活の間にも、志氣に富んでゐた。そして薛氏の美德を慕ふ一人であつた今度薛氏が、父の從軍に就いて、非常に氣遣ふのを聞き、斷然心を決して薛氏の父に代らんことを告げたのである。薛氏の父は大に悦び「貴君が私に代つて從軍さるゝことは感謝するの外はない。この御恩に對して、不憫ながら家の女を君の妻として推めたい」と云つたので、嘉實はその好意を謝し、薛氏に婚禮の期日を問ふた。薛氏は「婚禮は、今俄かに行へないが、妾が既に承諾したからには、決して心に變はない。從軍が終つた上で、吉日を擇んで、式を擧ぐるも差支なからう」と云つて、自分の鏡を割き婚約の證として之を與へた。嘉實は一匹の馬を持つて居たが、それを薛氏に託し「これは天下の名馬である。後日必ず用ふる時があるであらう。留意して飼つて與れよ」と云つて出發した。しかし國防上の都合で交代が出來ず六年も歸らなかつた。そこで父は、女に向ひ「嘉實は、始め三年の期限で往つたが、今再度の三年になつても、歸つて來ぬから、汝との婚約は廢棄せねばならぬ」と主張した。薛氏は「彼人は、親の恩人であつて、最初此の方から、婚談を申込んだのである。そして嘉實は、すべてを信じて從軍し、軍隊生活の勞苦を忍んでゐる。父軍事上の都合によつて、一人の兵も、手放さないから、仕方なく辛抱して居るのに、同情を表すべき人が、却つて信義を棄つることは、斷然出來ない」と云つて、父の言に從はなかつた。父は强制的に女を、他人に嫁がしめんするので、薛氏は、馬小屋に隱れて歎いてゐる計りであつた。所が意外にも、薛氏は、嘉實が歸つたの併し顔は痩せ、衣裳は襤褸して、丸で他人の樣であつたが、嘉實は、半分割りの鏡を投ずるので、始めてそれと解つた。薛氏は、泣いて喜んだ。そしてその後期日を定め婚禮を行ひ、幸福な生活を送つた」とある。

(11) 高　麗

(イ) 王家の血族婚姻

惠宗二年乙巳に、王は長女をして、王弟昭の妻と爲したのである。初め大匡王規女は、太祖第十六番目の妃となつて、子（廣州院君）を設けたが、王は規女を迎へて夫人とした。規は王弟堯及び昭を害せんとして、常に讒誣するので、王は

李能和,「朝鮮の結婚に關する慣習」,『조선』169호(1929.06.01), 78쪽

置いたが、白雲は不幸にも十五歳の時官になつた。而して際厚の父母は彼女を、茂榛太守李校平に嫁せしめんとするのであつた。際厚は密かに白雲と語つて「妾は公と同一の日に生れたので、既に夫婦の約束が成立つて居るが、父母が新に計畫を立てゝゐるので、若しその命に從はないと不孝になるから、茂榛に嫁くが、其の後の事は妾の自由である。公に若し信義あらば、幸に妾を茂榛へ尋ねられよ」と云つて別れた。際厚は茂榛へ往き校平と相談の上、吉日を擇んで婚禮行ふべく待つてゐると、果して白雲が尋ねて來た。そして兩人は或る山谷へと走つたのである。そして途中で暴漢に襲はれ、際厚の身は危險に瀕したが、白雲の部下の金闥が射術に長じて居たので、その暴漢を射殺し際厚を奪ひ戻した。王は之れを聞き、三人の信義を嘉尙して、爵を賜はつた」とある。

強首本傳に「強首は沙梁の人で、幼少より讀書に長じ、孝經・曲禮及び爾雅大選等に通じてゐた。研究益々高達で官府にも採用され、一時は世評に上つてゐたのである。強首は甞つて同村の鍛冶屋の女と野合し、益々親密を加へてゐた。彼の二十歳の時、父母は邑中の善良なる女を擇んで婚談を進めたが、強首は堅く辭退した。そこで父母は大に怒り「汝は名譽や身分を忘れて、賤しい女と結婚するは、甚しい恥辱ではないか」と叱責したが、強首は「貧賤は人の運命で恥辱ではない、道を學んで行はぬのが却て恥である。先賢の音に『糟糠の妻と、貧賤の友は忘るべからず』こあるが、彼女は賤業の女ではあるが、之によつて絶緣は忍べない」と云つた。彼は神文大王の時に死んだが、は一切官から支給し、贈與された物は、家人は一つも私用せず、皆佛堂へ寄附した。未亡人は其の後非常に貧乏してゐたので、薄里へ歸るときには、大臣がその事を王に奏上し、租百石を賜はつたけれごも、之を受け入れなかつた。

三國史記に「薛氏は栗里の或る民家の女である。貧乏な家で生長したが、容色優れて品行も正しかつたので、常に義望の的ごなつてゐた。眞平王の時、その父は甚だしい老襄者であるが、軍役の當番として正谷地方へ行かねばならなかつた。薛氏は自分は女の身であるから、父に代つて往く事も出來す、心配ばかりしてゐたのである。當時沙梁部

李能和,「朝鮮の結婚に關する慣習」,『조선』169호(1929.06.01), 77쪽

である。

眞平王は金氏で、眞興王太子銅輪の子であるが、母萬呼夫人金氏は葛文王立宗の女で、妃金氏摩耶夫人は葛文王福勝の女である。

太宗武烈王は金氏で、眞智王の子であるが、母天明夫人は眞平王の女である。

神文王は金氏で、文武王の長子であるが、妃金氏は蘇判欽突の女である。

孝昭王は金氏で、神文王の子であるが、神穆王后は一吉湌金歆運の女で、母も金氏である。

景德王は金氏で、孝成王の弟であるが、妃は伊湌順貞の女である。

宣德王は金氏で、海湌孝芳の子であるが、母金氏四炤夫人は聖德王の女で、妃具足夫人は角干良品の女である。

元聖王は金氏で、奈勿王五十二代の孫であるが、妃は金氏で、神述角干の女である。

昭聖王は金氏で、元聖王太子仁謙の子であるが、妃金桂花夫人は大阿湌叔明の女で、母も金氏である。

憲德王は金氏で、昭聖王の同母の弟であるが、妃貴勝夫人は禮英角干の女である。

興德王は憲德王の同母の弟であるが、妃は、章和夫人金氏で、昭聖王の女である。

僖康王は金氏で、元聖大王の孫、伊湌憲貞の子であるが妃文穆夫人は葛文王忠恭の女である。

憲安王は金氏で、神武王の異母弟であるが、母昭明夫人は宣康王の女である。

景文王は金氏で、僖康王女啓明阿湌の子であるが、妃寧和夫人も金氏である。（巳上は三）（國史記）

按ずるに、新羅王家の血族婚姻は、かくの如くであつて、その他民間一般の婚姻制度も、亦是れによつて略推知すべきであらう。

（ロ）　新羅民間の婚姻は信義を重ず

東國通鑑に「際厚は白雲に従ひ、最初の約束を遂ぐ。眞平王の時、二人の高官が隣接村に居作してゐたが、兩家には同じ日時に男女の出産があつた。男は白雲と名づけ、女は際厚と名づけた。兩家は相談の上で二人の婚談を決めて

李能和,「朝鮮の結婚に關する慣習」,『조선』169호(1929.06.01), 76쪽

い、野合及び驅落等が盛に行はれて居るから、金大定十七年に、詔書を發布して之を禁止した」とある。（金史）

(10) 新　羅

「新羅では、婚姻するにたゞ酒宴を張るのみであつて、その程度は貧富に依つて違ふ」とある。（隋書）又、新羅では、官を建てるに親族を以て上位とするが、その族の名は第一骨と第二骨とを以て區別する。兄弟の女又は叔父母の女を妻として迎ふることを得る」とある。王族は第一骨であつて、妻も亦その族である。子を生めば、第一骨になるので、第二骨の女を娶らない。若しこれを娶つても、本妻ではなく妾となるのである。舊唐書に「新羅國の人は、金と朴の姓が多いので、他の姓の人とは婚姻しない」と記されてゐる。

（イ）　新羅王家の同姓（血族）結婚の實例

儒理尼師今は朴氏で、妃は日智葛文王の女である。或は妃の姓は朴氏で、許婁王の女であるとも云ふ。

逸聖尼師今は朴氏で、儒理王の長子であるが、妃は朴氏で支所禮王の女である。

阿達羅尼師今は朴氏で、逸聖王の長子であるが、妃内禮夫人は朴氏で、祇摩王の女である。

助賁尼師今は昔氏で、伐休尼師今の孫であるが、妃阿爾兮夫人は奈解王の女である。

奈解尼師今は昔氏であるが、妃も昔氏で、助賁王の妹である。

訖解尼師今は昔氏で、奈解王の孫であるが、父は于老角干であつて、母命元夫人は、助賁王の女である。

奈勿尼師今は金氏で、妃も金氏であるが、味鄒王の女である。

寶聖尼師今は金氏で、閼智の裔孫であるが、妃は味鄒王の女である。

訥祇麻立干は金氏で、奈勿王の子であるが、母保及夫人は味鄒王の女で、妃は實聖王の女である。

慈悲麻立干は金氏で、妃も金氏で、舒弗邯未斯欣の女である。

智證麻立干は金氏で、奈勿王の曾孫であるが、母烏生夫人も金氏で、訥祇王の女である。

眞興王は金氏で、葛文王立宗の女であるが、母夫人も金氏

李能和,「朝鮮の結婚に關する慣習」,『조선』169호(1929.06.01), 75쪽

輕々に決する譯にはゆかない。況んや、婦人として暗夜に人を訪ぬるのは、面白くないことである」と跳ねつけた。后は赤面し歩を延優の宅へ進めた。延優は、衣冠を整へ、親切に迎へて宴飲しながら語り始めた。王后は「大王が薨去せられ、子がないから、發岐が當然位を繼ぐべきであるが、併し彼の言行は甚だ暴慢であるから、公に見ゆるのであると云つた。延優はその言を聞き、益々禮を厚くし、親しく刀を執つて煎肉を切り、誤つて指を傷つけた。その時后は裙の帶を解いて、その指を裹んで遣つた。歸るに臨んで「暗夜のことであつて、途中の災亂が氣遣はしいから、宮殿送還つて貰ひたい」と云つたので、延優はその言に從ひ一緒に行つて、宮中へ入つたのである。翌朝先王の命を詐り、群臣をして延優を立て王とした。王は更に娶ることをしないで、于氏を立て、后とした。東川王八年九月に、太后于氏は薨去せられたが、その遺言に「余は不品行の身を以て、何で地下に國壤に見えんや、若し諸公が余の屍體を野原へ棄つることを忍ばないならば、山上陵の側へ葬れよ」と云はれたので、その遺言實行したとある。

于氏は自分の不品行について、最後の懺悔をしたのである、併し高句麗の王家に、兄が死んだ後その兄嫂を妻とした事實は、歷然と認めらるのである、蓋し是れは夫餘の遺俗を踏製したものであらう。

2) 溫達傳に「平岡王の女二十八歳の時、王はその女を上部高氏に降嫁せしめんとした」とある。按ずるに、高句麗王の本姓は高氏で、上部高氏とは同姓の間柄である。當時の貴族であるから、王はその女を降嫁せしめんとしたのであらう。是れによつても、高句麗の王家が同姓結婚した事實が認められる。

（8）　百　濟

北史、後周書、隋書等を參考するに「百濟の婚姻の法例は略中華の風俗と同じである」とあり、又百濟の刑法に「婦女若し奸淫すれば、夫の家に沒收され、奴婢となる」とあるが、

（9）　渤　海

新唐書には「渤海の風俗は高麗及び契丹と左程差異はない」とあり、渤海の舊俗に「男女の婚姻は、多く禮に由らな

李能和，「朝鮮の結婚に關する慣習」，『조선』169호(1929.06.01), 74쪽

魏略に依れば、「東沃沮の風俗に、女子が十歳になれば、婚約を結び婿の家に迎へられ、成長すれば主婦こなるが、一旦本家へ歸り、本家から要求する金品が渡されると、再び婿の家に往くのである。

(6) 挹　婁

晉書に「挹婁の人は、婚姻するに、男が毛羽を以つて、女の頭に挿むが、若し女が悦んで持ち歸れば、この後に正式の婚禮を行ふ」とある。

(7) 高　句　麗

高句麗は歌舞を悦ぶ民俗で、晚になれば男女が公然こ集合して歌ひ遊ぶので、秩序は甚だ紊れてゐる。而して男女の間の婚談が成立すれば、女の家では自分の家の後に小屋を建てこれを婿の屋とする。日暮に至り婿が戶外へ來て、女こ同宿することを懇願すると、その父母が始めて之を許すが、同時に婚は錢こ物品こを幣物こして提供するのが例である。子を産んで大きくなれば、始めて妻を連れて家に歸るのである。

（魏志）北史に高句麗では、男女が瓦に悦べば、直ぐに婚禮を爲すが、男の家では豚こ酒を送るのみで、その外に財物を贈與することはない。そして例外の物品を受くることを恥づることはない。後周書に「高麗の風俗は淫猥で、それを恥とは思はない、遊逸の女が多くして、夫に一定の人がない」とある。（唐書を按ずるに、高麗とは皆高句麗を云ふ。）

李種徽修山集に「高句麗の史を編くと、王后の中には賢夫人が多くある。併し一人も同姓の者はない。その他政令及び交物禮俗は、到底新羅の粗雜と比ぶるものではない」と云つてゐる。

併し三國史記の高句麗本紀に說いて居る、左の二つのことがらに依つて、修山の說は、必らずしもそうでないと、主張したい。

(1) 山上王の名は、延優（一名は位宮）で、故國川王（或は國壤とも云ふ。）の弟であるが、故國川王には子がなかつたので、延優はその後を繼いだ。

初め故國川王が薨せられると、王后于氏は喪を祕して發せず、晚に王宮發岐の宅を訪問し「王には子がないから、公は其の後を繼ぐ」と云つたが、發岐は、末だ王の薨去の事を知らなかつたので、夫の運命は歸着する所があらうから、今

李能和,「朝鮮の結婚に關する慣習」,「조선」169호(1929.06.01), 73쪽

蘿井の傍に於いて、白馬が吉祥の氣を現はして、男の子朴赫居世を得た。又淑德の女弗を探したが、沙梁里闕英井に雞龍が現はれ、女の子を得、之を后とした」とある。

是れに依りて按ずるに、朝鮮の俗習に、婚禮を行ふ時に新郎は白馬を乘川し、且つ男女が交拝禮を行ふ際に雌雄の雞を用ひ、この足を卓上（俗に醮祭床と云ふが、告天。）に繋いで跪くのは、（京城の人は白餅を以て雙呉定作り龍餅と云ふ。が、實は鵲龍を獻つたのではなかならうか。）恐らく新羅の遺俗であらう。併し年代が遠いので、この本源を忘れたのではなからうか。

朝鮮古代の婚姻制度として、歷史に現はれてゐるのは、夫餘・高句麗・百濟・新羅及び高麗で、何れも親族の間及び同姓の人と結婚し、野蠻人の風俗を免かれなかつたのである。そして民族系統の由來や、その風習が因襲に捕はれ、容易に變じなかつたこゝを想像し得るのである。降つて李朝時代には、儒教が行はれ、婚姻の法は朱禮に依つて講ぜられ、同姓間の婚姻を嚴格に制限して居る。今こゝに昔からの婚姻に關する史的條文を揭げて、參考に資することする。

（1）箕 子 朝 鮮

漢書に「箕子は、朝鮮へ往き、その人民に禮儀を敎へ、嫁娶するに、賣買するが如きことなく、婦人は貞信にして、淫猥することなし」とある。

按ずるに、星湖先生の說に「朝鮮の婚禮は、殷の風俗を尚んで居る」とは、右の記事を云ふのであらう。

（2）濊

後漢書に依れば、「濊は同姓の人と婚姻せない」とある。

（3）三 韓

後韓書に「辰韓は婚姻に禮を以つて行ふ」とあり、三國志には「辰韓は禮式に依つて、婚姻をする計りでなく、男女の間には自然の秩序が保たれてゐる」とあり、又、後韓書には「馬韓は、男女の交際が甚だ紊れて居た」とある。

（4）夫 餘

夫餘は、男女は淫猥で、婦人が妬むと、殺害してその尸體を南山の上に棄てる。又家內を迎ふるには、牛と馬を給與する。兄が死んだら、その兄嫂を妻とするので、匈奴と何等違ふ所がなかつたのである。

（5）東 沃 沮

李能和,「朝鮮の結婚に關する慣習」,『조선』169호(1929.06.01), 72쪽

朝鮮の結婚に關する慣習

李　能　和

朝鮮の禮俗が、箕子の八條の敎へに由つて、大いにその面目を改めたことは、識者の已に知れる所である。星湖李瀷氏は左の如く說いてゐる。

箕子の洪範は、何も備はらざる物はなからう。是れに由つて東方の風俗は傳へられて居る。即ち彼の平壌の井田制も、或は全國の民が白衣を著て久しく變らないのも、悉く殷制から出でたのであつて、婚禮の制定も、亦殷の時代から始まつたのである。易の歸妹の六五に「帝乙歸妹、泰之互體爲歸妹、故泰之六五、亦曰帝乙歸妹」と說いて、丁寧に後の人を導いたのは、かくの如くである。殷の制は白を尙んだから、質の六四に、「賁如皤如、白馬翰如、匪寇婚媾」と記されてある。

婚姻の時に白馬を乘用するのも殷より始まつたことが充分に察せられる。高麗史に依れば、忠宣王が、元公主を迎ふるに白馬八十一匹と、本國の油蜜製の煎菓を使用した」と云つてゐる。それは、婚禮を行ふ時の常例で、今も閭卷に於いて婚禮を行ふ時には、必らず白馬を使用してゐるが、若し箕子當時の遺制でなければ、その風俗は何處から出たものであらうか。

右の如く朝鮮の婚禮に關する風習は、全く箕子の遺制であるやうに說いてある。併し、箕子のことは、甚だ悠遠にしてその由來が充分信じられないが、高麗忠宣王が、元公主を娶るに當り、白馬八十一匹を禮物として贈つたといふのは、恐らく蒙古は弓と馬を尙ぶから、貴族等の婚禮に白馬を使用したのは、さう珍しいことではなからうと思はれる。三國遺事朴赫居世條には、左の如く說いてある。

辰韓六部の人は、德望ある人君を竟めようとしたが、楊山

李能和,「朝鮮の結婚に關する慣習」,『조선』169호(1929.06.01), 71쪽

爲し兩者の血液が混交して居る例は頗る多いが、遠き過去のことはこれを明かにするの資料を有しないから、

試みに大正元年以降大正十四年末に於ける調査を示すと、內地人にして朝鮮婦人を娶つた者百八十七組、朝鮮

人にして內地婦人を娶つた者百九十七組、內地人にして朝鮮人の家に內婚した者朝鮮人にして內地人の家に內

婚した者十九組、合計四百四組に達して居り、近來その數の益々增加せんとする傾向があるのは、內鮮の關係

を密接ならしむる上に於て欣ぶべき現象である。

更に結婚と關係深き男女の人口數に就いて觀察するに、大正十四年十月一日現在の國勢調査の結果では、內

地の人口は男一〇〇に對し女九九・〇三にして、男女の數は殆んど均衡を保つて居るが、これに反して朝鮮は

男一〇〇に對し女九四・八二に過ぎず、男女の差に相當多くの差がある。即ち總人口に於ては、男一千二萬九

百四十三人に對し、女九百五十萬二千二人にして、差引五十一萬八千九百四十一人の男數超過となり、從つて

女の數が男の數に超過する地方は僅に十二郡一島に過ぎず、その他の府郡はいづれも男の數が女の數よりも多

いのである。由來男の數の女の數に著しく超過するに於ては、人心を殺伐荒凉ならしめ、社會の健全なる發達

を阻害する虞れがある。右の如く男女の數に懸隔あるに拘らず、朝鮮では古來蓄妾の風盛んにして、中流以上

の者には數人の妾を蓄へて女を獨占して居る者が珍らしくないのである。早婚の弊に加ふるに一方に於て寡婦

の再嫁を卑む習慣あり、他方に於て有力者の爲めに多數の婦女を占有さるゝなどは、社會生活上より見て、道

德的にも經濟的にも追々に改良されねばならぬ問題である。

　追記　朝鮮の結婚慣習、內鮮人の通婚、及び朝鮮人の本夫殺犯罪に就ては、拙著「朝鮮の人口研究」を參照されんことを望む。

善生永助,「朝鮮の結婚離婚趨勢」,『조선』(1928.01.01), 58쪽

婚と強制婚の事例は甚だ多く、從つてこれに伴ふ各種の弊害の尠くないことが窺はれる。朝鮮人の結婚年齢を述べた序に、參考の爲め朝鮮在住内地人の結婚年齢別調を示すと左表の如くなつて居る。

内地人結婚年齡別調（大正十四年）

妻の年齢 ＼ 夫の年齢	十五歳未満	満十五歳以上二十歳未満	満二十歳以上二十五歳未満	満二十五歳以上三十歳未満	満三十歳以上三十五歳未満	満三十五歳以上四十歳未満	満四十歳以上五十歳未満	満五十歳以上六十歳未満	満六十歳以上	總計
十七歳未満	—	一	—	—	—	一	—	—	—	二
満十七歳以上二十歳未満	一	一〇	八	一	—	—	—	—	—	二〇
満二十歳以上二十五歳未満	三	三三	六九	六	三	—	—	—	—	一二〇
満二十五歳以上三十歳未満	一	二四	三四	三三	二四	三	—	—	—	一四六
満三十歳以上三十五歳未満	—	四	三三	三四	二六	二四	一	一	一	一四三
満三十五歳以上四十歳未満	—	一	三	二四	二三	二四	三	一	—	一〇八
満四十歳以上五十歳未満	—	一	三	四	二三	三	四	—	二	四九
満五十歳以上六十歳未満	—	一	一	四	一	一	四	—	二	一〇
満六十歳以上	—	—	—	—	—	—	二	二	—	五
合計	[illegible]	[illegible]	[illegible]	[illegible]	[illegible]	[illegible]	[illegible]	[illegible]	[illegible]	[illegible]

朝鮮に於ける結婚及び離婚に關して尚ほ一言すべきことは、近來内地人と朝鮮人の通婚が次第に多くなつたことである。勿論内地と朝鮮とは古來歴史的にも地理的にも極めて密接なる關係あり、從つて内鮮人の通婚を

善生永助,「朝鮮の結婚離婚趨勢」,『조선』(1928.01.01), 57쪽

満十五歳以上二十歳未満	満二十歳以上二十五歳未満	満二十五歳以上三十歳未満	満三十歳以上三十五歳未満	満三十五歳以上四十歳未満	満四十歳以上五十歳未満	満五十歳以上六十歳未満	満六十歳以上	總計
七,四五一	一,二三三	一六七	三二	六	三	一	一	一三,四二五
四七,一八八	一一,五三七	一,〇五一	一七〇	二九	七	一	—	六三,九四九
二七,五八四	一五,四六七	一,八八六	二七九	五二	一三	一	—	四七,三三九
一四,二九七	七,〇七一	四,〇二三	四九七	一〇四	二〇	四	—	二七,〇二四
四,四三五	三,一五三	一,七六〇	一,四四〇	二六六	四二	九	二	一一,四〇二
一,二五九	一,二三二	九三五	六四四	六六一	一〇八	四一	九	四,九三三
三七	四五八	五〇八	四七五	三七九	[illegible]	[illegible]	[illegible]	二,五六四
四	五五	九二	一三一	一五三	[illegible]	[illegible]	[illegible]	七二二
二	三	二三	二〇	五〇	[illegible]	[illegible]	[illegible]	一四九
一〇二,五三八	四〇,一六九	一〇,四三三	三,六七八	一,七〇〇	[illegible]	[illegible]	[illegible]	一七一,〇六六

これを大正元年の事實と對比すると、近來時勢の變遷に伴ひて、早婚の風は多少改められたことは認められる。即ち大正十四年に於ては、結婚總數十七萬一千六十六中、妻の年齡十五歳未滿の者は一萬二千六百六十四に達し、總數に對し七・八%となり、夫の年齡十五歳未滿の者は一萬三千四百二十五にして、總數に對し七・一に當つて居る。また夫の年齡十七歳未滿の者は十萬二千五百三十八に達し、總數に對し五九・九%に當つて居る。また夫の年齡十七歳以上二十歳未滿の者は六萬三千五百四十九の多きを占め、總數に對し三七・一に當つて居る。これに據つて見ると、夫の年齡より妻の年長なる者の數も幾分少くなつて來て居る。社會の進步に伴ひ、朝鮮人の結婚狀態は次第に改善しつゝあることを看取されるが、尚ほ早

善生永助,「朝鮮の結婚離婚趨勢」,『조선』(1928.01.01), 56쪽

即ちこれに據ると、結婚總數十二萬一千九百九十三中、妻の年齢の十五歳未滿の者は二萬一千五百六十四を占め、總數に對し一七・二％に達し、妻の年齢十五歳以上二十歳未滿の者は六萬一千四百三十七を占め、總數に對し實に五〇・四％に及んで居る。また夫の年齢二十歳未滿の者は五萬一千九百七十四にして、總數に對し四二・六％の多きを示して居る。これを見ると、當時に於ける早婚の風の盛んであつたことゝ、妻の年齢が夫の年齢より多い事例の尠くないことが一目瞭然としてわかるであらう。更に大正十四年の結婚年齢別調を示して見ると左表の通りである。

満三十歳以上満卅五歳未満	満卅五歳以上満四十歳未満	満四十歳以上満五十歳未満	満五十歳以上満六十歳未満	満六十歳以上	計
一二	八	四	—	一	五一,九七四
二四八	四六	九	一	—	三四,五九一
八〇二	一五七	五八	一	—	一八,四〇一
九九四	二七七	一七四	六	一	八,三七一
五五五	八五二	三五四	三五	二	四,四六五
一四三	六三七	七七	五三	一六	二,八四五
二六二	二八	一六	一三	五一	一,〇四一

朝鮮人結婚年齢別調（大正十四年）

夫の年齢 ＼ 妻の年齢	十五歳未満
未満十七歳	四,五四三
満十七歳以上二十歳未満	三,五八七
満二十歳以上廿五歳未満	二,〇三九
満廿五歳以上三十歳未満	一,〇四九
満三十歳以上卅五歳未満	三二一
満卅五歳以上四十歳未満	九三
満四十歳以上五十歳未満	三四
満五十歳以上六十歳未満	六
満六十歳以上	一
合計	一一,六七三

善生永助、「朝鮮の結婚離婚趨勢」、『조선』(1928.01.01), 55쪽

離婚原因	件数
夫カ刑事被告人トシテ拘留セラル	二
夫ノ不具又ハ病氣	二
婚姻申告提出セス	二
連子ノ婚嫁ヲ夫顧ミス	一
夫ノ僻地移住ニ同行ヲ欲セス	一
姦通罪ノ懲役満期出獄スルニ夫迎ヘス	一
合計	二六五〇

備考　一、本表ハ既済事件ニ付調査ス

右の統計炎に據ると、離婚原因中の最も多きは虐待侮辱の四割五分にして、これに亞ぐは惡意遺棄の一割八分、破廉恥罪の一割四分、生死不明の一割等であるが、早婚に基く原因も亦尠くないやうである。

結婚年齡

朝鮮に於ける婚姻制度には幾多の缺陷があるが、就中その早婚の弊害は著しいものである。試みに男女の結婚年齡が如何になつて居るかを觀察すると、併合後間もなき大正元年に於ては左の如くなつて居る。

朝鮮人結婚年齡別調　（大正元年）

夫の年齡 ＼ 妻の年齡	満十五歳未満	満十五歳以上未満二十歳	満二十歳以上未満廿五歳	満廿五歳以上未満三十歳
満二十歳未満	一四,三七九	三〇,七〇一	五,九一七	九,四三二
満二十歳以上未満廿五歳	五,四二七	二〇,一九六	六,三九七	二,三三三
満廿五歳以上未満三十歳	一,四〇九	七,九三八	四,九九五	三,〇三一
満三十歳以上未満卅五歳	二七八	一,九八六	二,三八九	二,三六九
満卅五歳以上未満四十歳	九四	四四六	七八九	九二九
満四十歳以上未満五十歳	二七	一四三	三三二	三六九
満五十歳以上未満六十歳	五	三三	二六	六四
満六十歳以上	一	四	九	二
計	二一,五六四	六一,四三七	二〇,八五六	九,八三九

善生永助,「朝鮮の結婚離婚趨勢」,『조선』(1928.01.01), 54쪽

對し甚だしき侮辱を與へたること等の原因あるときは、妻より離婚を求むることを得るに至つたが、官廳に願出て、離婚を求むるが如き方式は舊來の慣習には全く存しなかつたのである。それが時勢の變遷により民事令改正の行はるゝ數年前より、協議上の離婚は勿論、正當の理由ないときは、夫妻の一方より裁判所に對し離婚の請求を爲し得ることになつて來たのであるが、尚ほ何百年來の舊慣の力は依然として強く、民事令改正後の今日と雖も離婚を容易ならしめざる狀態に在る。離婚の原因に就いて最近の調査資料を有しないことは遺憾であるが、朝鮮民事令改正案の參考資料として、舊慣調査委員會の審査書に誌す所に據ると、明治四十一年より大正十年に至る十四箇年間の調査では左の如くなつて居る。

離婚原因種別件數（自明治四十一年 至大正十年）

原因	件數	原因	件數
重婚	三九	精神病	三
妻ノ姦通	三七	癩病	一〇
夫ノ姦淫罪	五	交接不能	三九
破廉恥罪	三六三	性行不良	三九
虐待侮辱	一二八	盜癖	六
惡意遺棄	四七一	貧困	四
直系尊屬ヨリ虐待侮辱	四一	氣質不合	四
直系尊屬ニ對シ虐待侮辱	一〇三	破廉恥罪以外ノ犯罪	六
生死不明	二五三	妻ノ實女ト姦淫	一

善生永助, 「朝鮮の結婚離婚趨勢」, 『조선』(1928.01.01), 53쪽

同 十一年	一〇八	二二三	一四五	七〇
同 十二年	一〇九	二三五	一二〇	八三
同 十三年	九八	二六四	一一三	六七
同 十四年	一〇六	二六八	一二八	六八

備考　米産額は数量、市場取引高は金額を採りたり、從つて市場取引高は物價の高低に因り左右されたる所多く、必ずしも米産額の多少と一致せざることを示して居るが、實際に於ては米産額と市場取引高は高低その軌を同うするのが普通である。

離婚の原因

朝鮮に於ては古來妻に對し七去三不去の制あり、一に子なきこと・二に諱侠なること、三に舅姑に事へざること、四に多言なること・五に盗竊を為したること、六に妬忌の癖あること、七に惡疾あることを、七去の原因とし、一に父母の喪を經たる場合娶るとき、二に娶るとき貧賤にして後に富貴となりたる場合、三に歸るに家なき場合を三不去の原因とし、明律に於ては明かにこれを認め、刑法大典に於ては、子なきこと及び妬忌の癖あることを除きたる他の離出原因を認め、同時に三不去の原因をも認めて居る。然るに朝鮮民事令改正前に於ける慣習としては、不品行なること、祖父母父母等その家に在る夫の直系尊屬に從順ならざること、盗癖あることを以て、妻を離出する原因とし、夫の意思に依り妻を離出することを認めて居るが、妻の意思に依る離婚に就いては、從前に在りては妻は夫に對して離婚を求むることを得なかつたのである。然るに漸次止むを得ざる場合に於て妻の意思に基くの離婚を認むるに至り、夫に遺棄せられたるとき、又は夫が自己の直系尊屬に

善生永助,「朝鮮の結婚離婚趨勢」,『조선』(1928.01.01), 52쪽

飜つて結婚數の多少と經濟狀態の關係を見るに、大體に於て、經濟狀態の良好なる年には結婚數が多いやうである。朝鮮の經濟は農業が大部分を占め、人口の約八割が農民である關係上、經濟狀態の良否は農業の豐凶に依りて測定されるが、殊に農産物の大宗は米であり、朝鮮人の經濟力を最も明白に示すものは市場取引高であるから、この二者と結婚數の消長とを比較對照するときは、景氣不景氣と結婚の關係を自ら知ることが出來やう。一年を通じて見ても、米の收穫されたる秋季以後に於て、結婚の多いのは内地も朝鮮も同樣であるが、内地の經濟は農業以外の産業が漸く發達して來たので、朝鮮の如く經濟力を簡單に測定することは困難である。右の如く朝鮮に於ける現住朝鮮人の結婚數は、米産額や市場取引高の多少と略ぼ消長を同うして居るが、離婚數の多少は斯くの如き經濟原因には伴つて居らぬ。即ち離婚の多少は他の原因に基くことが多いことを認めねばならぬ。

現住朝鮮人結婚、離婚數と米産額、市場取引高比較（大正五年を一〇〇とせる指數）

年別＼種次	米産額	市場取引高	結婚數	離婚數
大正五年	一〇〇	一〇〇	一〇〇	一〇〇
同六年	九九	一三三	一〇六	一〇五
同七年	一一〇	二二一	一一一	一〇三
同八年	九一	三〇七	一一〇	九七
同九年	一〇七	二〇三	一〇七	七六
同十年	一〇三	二二九	一一七	七〇

善生永助, 「朝鮮の結婚離婚趨勢」, 『조선』 (1928.01.01), 51쪽

全羅南道	慶尚北道	慶尚南道	黄海道	平安南道	平安北道	江原道	咸鏡南道	咸鏡北道	平均
六五・九	八六・三	九六・九	八八・九	一三三・一	一〇五・四	八九・八	一一三・六	一〇三・七	九一・二
四・六	二・三	四・六	七・四	一〇・六	三・〇	三・一	三・四	一・〇	四・二
九〇・八	一二二・三	一三三・五	一三九・四	一三六・六	一二四・四	一二六・〇	一三三・四	八九・六	一二三・七
五・〇	二・七	四・九	六・八	九・一	三・一	二・八	三・五	〇・九	四・二
一七九・四	一六五・四	一二五・四	一四一・三	一四一・一	一六六・二	一三三・八	一一九・〇	九九・七	一四八・〇
八・七	三・二	四・八	六・七	八・七	三・六	三・九	三・九	〇・八	五・〇
五四・三	一〇七・四	八六・四	九二・八	一一〇・八	九六・七	九七・三	一〇〇・七	九九・八	八七・九
三・四	三・二	四・一	七・〇	八・八	三・七	三・一	三・六	〇・九	四・〇
六一・四	九八・七	八一・九	九二・七	一一〇・二	一二〇・一	一〇一・七	一一四・二	九六・六	九一・七
四・〇	三・三	四・一	六・八	八・五	四・二	三・三	四・〇	〇・五	四・一

大體に於て、地理的に觀察すると、南鮮地方よりは西北鮮地方が結婚數が多くなつて居る。また結婚數の多い年は離婚數も多く、結婚數の多い地方は離婚數も多いのであるが、離婚の總數に於ても、結婚數に對する離婚數の割合に於ても、黄海道と平安南道は他の諸道に比して著く離婚率が高くなつて居る。これが原因に關しては尚ほ研究の餘地があるが、これ等の地方が他道に比し、文化、經濟、人情、風儀、犯罪などに於て劣つた所が多い爲めであるまいか。或る人はこの地方の人心の殺伐を擧げ、或る人は賣買婚や略奪婚の遺風に因るのでないかと說き、或る人は民族的見地より、この地方の住民の多數は他の朝鮮民族と異り、その祖先が遼東半島や中部支那地方の移住民であるに基くと述べて居るが、離婚率の多少は複雜なる原因に依るのであるから、斯くの如く端的に論斷することは妥當でないと信ずる。

善生永助, 「朝鮮の結婚離婚趨勢」, 『조선』 (1928.01.01), 50쪽

多いのである。斯くの如き夫婦關係に於ては、表面は同棲を餘儀なくして居ても、夫婦間に愛情なく、常に不和衝突を起し、或は年長の妻が夫の幼弱の爲め性慾の滿足を得るに至らずして、中には姦通を爲し、若くは煩悶の極遂ひに自殺する如きものあり、甚だしきに至つては本夫殺しの慘虐を敢てし、この種の戰慄すべき事件は頻々として新聞紙上に現はれて居る。

朝鮮に於ける結婚及び離婚の趨勢は略ぼ説明したが、更に朝鮮人のみに就いて、各道別の結婚及び離婚狀況に關して考察して見たいと思ふ。大正十四年に於ける朝鮮の現住朝鮮人一萬人に對する結婚數は九一・七、離婚數は四・一にして、これを内地に於ける同年の現住人口一萬人に對する結婚數八七・三、離婚數八・七に比較するときは、結婚率に於て高く、離婚率に於て低くなつて居り、年に依りて多少の消長はあるが、この數年間大體に於てこの傾向を持續して居る。今試みに現住朝鮮人一萬人に對する各道別の最近五箇年間に於ける結婚及び離婚數を見ると左の如くなつて居る。

現住朝鮮人一萬人に對する結婚及離婚數五箇年對照

道 名	大正十年 結婚	大正十年 離婚	同十一年 結婚	同十一年 離婚	同十二年 結婚	同十二年 離婚	同十三年 結婚	同十三年 離婚	同十四年 結婚	同十四年 離婚
京畿道	一〇・八	五・七	二八・五	五・六	三四・五	五・五	八九・二	五・一	九二・三	五・〇
忠清北道	六九・二	三・一	一三五・三	二・六	一九八・七	五・九	六四・六	二・一	八三・八	二・一
忠清南道	七九・二	三・四	一三七・一	四・〇	一五〇・一	四・五	八九・四	三・二	九一・〇	二・八
全羅北道	五七・五	二・一	八七・六	一・七	一六〇・三	二・七	六七・九	二・二	六二・三	二・四

善生永助,「朝鮮の結婚離婚趨勢」,『조선』(1928.01.01), 49쪽

	同四年	同五年	同六年	同七年	同八年	同九年	同十年	同十一年	同十二年	同十三年	同十四年
	五二・二	五八・六	五一・八	六三・二	一九・二	一八・五	二〇・三	二三・六	二三・〇	二七・三	二七・九
	七・〇	八・六	七・四	七・三	六・〇	二・〇	一・九	二三・七	二三・三	三〇・一	二一・四
	六四・〇	七七・八	八二・一	八六・二	八五・三	八三・四	九一・二	一二三・七	一四八・〇	八七・九	九一・七
	[illegible]	[illegible]	[illegible]	[illegible]	[illegible]	[illegible]	四・二	四・二	五・〇	四・〇	四・一
	[illegible]	[illegible]	[illegible]	[illegible]	[illegible]	[illegible]	一・九	一・一	〇・三	〇・八	二・一

右の統計に據ると、人口數に對する結婚率は朝鮮人が内地人に對して遙かに多いが、これは土著人と移住者との境遇の相違に基くことが多いものと思はれる。人口數に對する離婚率は朝鮮人の方が稍高いが、一方結婚率と離婚率とを對比するに、内地人の方が朝鮮人より離婚の割合が遙かに高くなつて居る。朝鮮に於ては古來法律上及び慣習上離婚は容易でなかつたので、自然内地人よりは朝鮮人の方が離婚率は低いが、これを以て直ちに男女道德の標準と爲し、家庭圓滿の結果なり、と斷ずるは早計である。結婚に就いて當事者の意思を尊重せず、家長の專斷を以て強制結婚が行はれ、而して離婚を爲すの自由を殆んど與へられざりし累代の慣習の力は、司法制度の改正により妻に離婚の請求權を認めた今日と雖も、妻をして不利の地位に立たせて居る場合が

善生永助、「朝鮮の結婚離婚趨勢」、『조선』(1928.01.01), 48쪽

人口一萬に對する結婚及び離婚數

結婚及び離婚數（大正元年〜同十四年）

種別		大正元年	同二年	同三年	同四年	同五年	同六年	同七年	同八年	同九年	同十年	同十一年	同十二年	同十三年	同十四年
内地人	結婚	八〇五	一、二四六	一、五二九	一、五八四	一、八七六	二、一七三	二、二二〇	二、六六三	二、六四三	二、七四七	二、八七五	二、九六八	[illegible]	一、二八六
	離婚	九五	[illegible]	[illegible]	一〇四	六九	七一	二〇七	二四八	二五四	二六六	[illegible]	九二	[illegible]	一〇一
朝鮮人	結婚	[illegible]	[illegible]	[illegible]	[illegible]	[illegible]	一四三、〇九八	一四三、[illegible]	一五五、九九一	一四一、一三三	一九三、九一八	二五八、一六七	一五四、八〇九	[illegible]	一六九、九六四
	離婚	九、〇六八	八、九一五	八、九七六	九、一五	八、九七六	一〇、五四二	一〇、四九八	九、七六一	七、九八二	七、三二三	七、二八四	八、七九七	七、〇四一	七、六〇七
外國人	結婚	？	？	？	一〇	四	三	四	八	五	五	—	一	三	八
	離婚	？	？	？	二	三	二	—	—	二	—	—	一	三	—

人口一萬に對する結婚及び離婚數

種別		明治四十四年	大正元年	同二年	同三年
内地人	結婚	三七・〇	三三・〇	四五・九	三八・七
	離婚	六・二	三・九	六・七	五・一
朝鮮人	結婚	六一・九	八三・七	八六・七	七四・一
	離婚	四・一	六・二	六・五	五・七
外國人	結婚	？	？	？	？
	離婚	？	？	？	？

善生永助,「朝鮮の結婚離婚趨勢」,『조선』(1928.01.01), 47쪽

同族たること明白なる者は勿論、縦令その明白でない者でも、同一姓號を有する者は婚姻を爲さゞることになつて居る。たゞ安東の金・權二姓は歴史上同祖の族であるけれども、偶々姓字の同じからざる爲めに婚姻を避げざる慣習になつて居る。婚姻は主婚者即ち本人の父、祖父、若くは父も祖父もなきときは兄（皆なきときは伯叔父その他の親族）が婚約を爲し、敢て本人の意思を問はざるの慣習あり、斯くの如き不自然なる強制結婚の結果は種々の弊害を醸成して居る。男子には往々再婚を爲すの事例あり、續大典に、『士大夫妻の死亡したる者は三年の後改娶す、若し父母の命により或は年四十を過ぎて子無き者は期年の後改娶するを許す』との規定もあるが、朝鮮の社會では男子が蓄妾を爲すの風習多き爲め、他に比すると再婚は尠いやうである。然しながら女子は李朝世宗の時代に再嫁の禁あり、開國五百三年の議案に於ては、『寡女の再嫁は貴賤を論せずその自由に任す』と規定し、爾來女子の再嫁を許すことゝしたけれども、今尚ほ再嫁を賤む慣習あり、殊に中流以上の家庭に於てはこれを爲さゞることになつて居た。

朝鮮に於ける結婚の慣習に就いては述ぶべきことが多いが、茲には統計的研究に止め、先づ併合後に於ける年々の結婚、離婚、及び配偶數を内鮮外人別に觀察し、併せてその人口一萬人に對する結婚及び離婚數を比較して見やう。

結婚離婚及び配偶數

種別／年次	内地人			朝鮮人			外國人		
	結婚	離婚	年末配偶數	結婚	離婚	年末配偶數	結婚	離婚	年末配偶數
明治四十四年	七八〇	三三二	四二三九一	八五六二三	五六二二	？	？	？	？

朝鮮の結婚離婚趨勢

結婚及び離婚數

善生永助

古代野蠻の社會に於ては、婦女を略奪して妻と爲し、または婦女を賣買して妻と爲したる例あり、朝鮮にもこの風の行はれたものと見え、最近に於ても北鮮の一地方には、妻を娶るに錢を要する慣習が殘つて居ると云ふ話であり、平安、黃海の或る地方では、今尙ほ聲略結婚の遺風が存して居ると說く者がある。結婚の年齡に就いては、經國大典に、『男年十五、女年十四にして方に婚姻を許す、子女年十三に滿ちて婚を議するを許す、若し兩家の父母の中一人宿疾あり或は年五十に滿ちて而して子女の年十二以上の者は官に告げ婚嫁す』との規定あり、開國五百三年六月議案許婚年齡を定むる件に於ても、早婚を禁じ男子二十歳女子十六歳以後にして始めて婚娶するを許す規定を設けたが、實際に於てはこの規定は空文に終り、女子は十二三歳にて嫁し、男子は十歳前後にて娶ることが多く、大抵の地方では女は男より二三歳乃至四五歳年長なるを常として居た。併合以來文化の進步と社會の發達に伴ひ、この早婚の弊風は幾分改まりつゝあるも、多年の慣習の力は容易に動かすことが出來ない。親族間の結婚に關しては、高麗時代以前に於ては無制限であつたが、李朝になつてから、續大典に、『鄕貫異ると雖姓字同じければ則ち婚娶するを得ず』との規定あり、儒敎思想の同姓不婚の掟を守り、

	總數	農業牧畜業林業等	漁業及製鹽業	工業	商業及交通業	公務及自由業	其の他の有業者	無職業及職業を申告せざるもの
總數	三七三	三五一	一二二	五〇三	一三四	一四八	二八四	一〇一
内地人にして朝鮮婦人を娶りたるもの	一七六	一七	五一	三二	四三五	五九六	一二三	三一
朝鮮人にして内地婦人を娶りたるもの	一八六	一八	四一	四二	八五六	四三	一五一	七
朝鮮人にして内地人の家に入婿したるもの	一三六	—	三	四一	四三	一二	一	—
内地人にして朝鮮人の家に入婿したるもの	一	—	—	—	—	一	—	—

備考　前表の如く入れること。

「だんだん殖えゆく内地人と朝鮮人の 配偶者」, 『조선』 136호(1926.09.01), 119쪽

正十四年末					
忠清南道	二三 △二	六 △一	一七 △一	丨 丨	丨 丨
全羅北道	二一 丨	一一 丨	八 丨	二 丨	丨 丨
全羅南道	三三 丨	一四 丨	一九 丨	丨 丨	丨 丨
慶尚北道	四〇 △一	八 丨	二九 丨	三 △一	丨 丨
慶尚南道	五九 △一四	一六 △三	三九 △八	四 △三	丨 丨
黄海道	一二 丨	一〇 丨	二 丨	丨 丨	丨 丨
平安南道	二一 △四	一七 △一	三 △二	丨 △一	一 丨
平安北道	二四 △三	一八 △三	五 丨	一 丨	丨 丨
江原道	一二 丨	七 丨	五 丨	丨 丨	丨 丨
咸鏡南道	二五 丨	一八 丨	五 丨	二 丨	丨 丨
咸鏡北道	一四 丨	九 丨	五 丨	丨 丨	丨 丨
合計	三七一 △三三	一七一 △一六	一八六 △一一	一三 △六	一 丨

備考　表中の△印は本年中の結婚数を示す。

内地人と朝鮮人との配偶者職業別（大正十四年末現在）

「だんだん殖えゆく内地人と朝鮮人の 配偶者」,『조선』136호(1926.09.01), 118쪽

する。平安南道如きは人口順位は第四位なるも配偶數位は第六位である。今京畿道を界とし南北に分ちて之を觀るに、南方の二百八十九組に對して北方は百十五組を算するのみである。

更に職業別に依る配偶數を觀るに

農業林業牧畜業等　　　三六組
漁業及製鹽業　　　　　一四組
工業　　　　　　　　　五三組
商業及交通業　　　　　一四六組
公務及自由業　　　　　一一二組
其の他の有業者　　　　三二組
無職業及職業を申告せざるもの　一一組

にして商業及交通業に最も多く、次は公務及自由業で、最も少きは漁業及製鹽業である。此の割合は現住内地人の職業別に近似してゐる。

尚内地人と朝鮮人の配偶者數及其の職業別の詳細は左表の如くである。

内地人と朝鮮人との配偶者數

	累年比較					大	
總數	大正十年末	大正十一年末	大正十二年末	大正十三年末	大正十四年末	京畿道	忠清北道
總數	一二四	二二七	二四五	三六〇	四〇四	△七八	△九二
内地人にして朝鮮婦人を娶りたるもの	五六	八〇	一〇二	一二五	一八七	△二〇	△七二
朝鮮人にして内地婦人を娶りたるもの	六三	一四一	一四一	二〇三	一九七	四七	二〇
朝鮮人にして内地人の家に入婿したるもの	一	五	一	二三	一九	△一一	―
内地人にして朝鮮人の家に入婿したるもの	四	一	一	九	一	―	―

「だんだん殖えゆく内地人と朝鮮人の 配偶者」, 『조선』 136호(1926.09.01), 117쪽

234

だんだん殖えゆく 内地人と朝鮮人の配偶者

大正十四年十二月末日現在に於ける、内地人と朝鮮人との配偶者數を調査するに、總數四百四組にして、内三十三組は大正十四年中に結ばれたる配偶者である。之を種類別より觀れば左の如くであるが、その内朝鮮人にして内地婦人を娶りたるものが最も多い。

内地人にして朝鮮婦人を娶りたるもの　　一八七組
朝鮮人にして内地婦人を娶りたるもの　　一九七組
朝鮮人にして内地人の家に入婿したるもの　一九組
内地人にして朝鮮人の家に入婚したるもの　一組

次に之が最年五箇年の狀況を觀るに

大正十　年　末　　一二四組
大正十一年　末　　二二七組
大正十二年　末　　二四五組
大正十三年　末　　三六〇組
大正十四年　末　　四〇四組

にして、其の數は逐年增加を示し、大正十年末に比較せば、二百八十組の增加を來してゐる。

今各道別に其の實數を觀るに

京　畿　道　　八五組
忠　淸　北　道　一一組
忠　淸　南　道　二五組
全　羅　北　道　二一組
全　羅　南　道　三三組
慶　尙　北　道　四一組
慶　尙　南　道　七三組

黃　海　道　　一二組
平　安　南　道　二五組
平　安　北　道　二七組
江　原　道　　一二組
咸　鏡　南　道　二五組
咸　鏡　北　道　一四組

にして京畿道最も多く、慶尙南道之に次ぎ、忠淸北道が最も少い。又之を各道別内地人の人口順位と比較するに、大體に於て京畿道以南は之に從ふも、京畿道以北に於ては之に反

THE CHOSEN

朝鮮

九月號

THE CHOSEN

朝鮮

一月號

THE CHOSEN

朝鮮

六月號

THE CHOSEN

朝鮮

七月號

朝鮮

八月號

朝鮮

昭和十一年六月

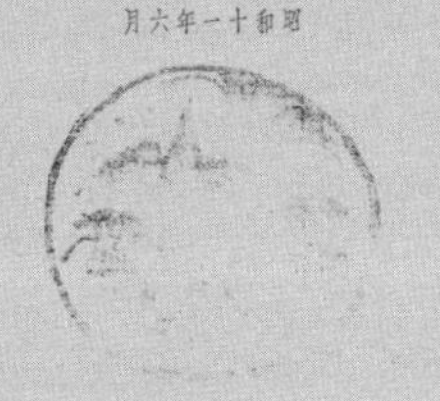

朝鮮

二月號

鮮朝

七月號

THE CHOSEN

朝鮮

九月號

主要記事

○口繪

○朝鮮私設鐵道令の制定

○戰時損害申告に就て

○朝鮮人の姓に就て

○種痘の勵行に就て

○朝鮮に於ける基督教各派

○朝鮮スミレ屬に就て

원문 영인

조선총독부 기관지『조선』 소재

혼례와 상제례

1판 1쇄 펴낸날 2013년 08월 30일

엮은이 단국대학교 동양학연구원
옮긴이 최인학, 김민지

펴낸이 서채윤
펴낸곳 채륜
책만듦이 김미정
책꾸밈이 Design窓

등록 2007년 6월 25일(제25100-2007-000025호)
주소 서울 광진구 군자동 229
대표전화 02-6080-8778
팩스 02-6080-0707
E-mail book@chaeryun.com
Homepage www.chaeryun.com

© 단국대학교 동양학연구원, 2013
© 채륜, 2013, printed in Korea

책값은 뒤표지에 있습니다.
ISBN 978-89-93799-77-4 93380

※ 잘못된 책은 바꾸어 드립니다.
※ 저작권자와 출판사의 허락 없이 책의 전부 또는 일부 내용을 사용할 수 없습니다.
※ 저작권자와 합의하여 인지를 붙이지 않습니다.

이 저서는 2011년 정부(교육과학기술부)의 재원으로 한국연구재단의 지원을 받아 수행한 연구임.
(NRF-2011-413-A00003)

이 도서의 국립중앙도서관 출판시도서목록(CIP)은 서지정보유통지원시스템 홈페이지(http://seoji.nl.go.kr)와
국가자료공동목록시스템(http://www.nl.go.kr/kolisnet)에서 이용하실 수 있습니다.(CIP제어번호: CIP2013011356)